... Títulos relacionados

IFCD0110 CONFECCIÓN Y PUBLICACIÓN DE PÁGINAS WEB

[DISPONIBLE CERTIFICADO COMPLETO]

Solicítalos en:
- Librería
- www.paraninfo.es
- Solicitudes nacionales +34 914 463 350
- Solicitudes fuera de España +34 913 308 907, +34 913 308 919

Pruebas de funcionalidades y optimización de páginas web
UF1306

Carlos Caballero González

© 2024 Ediciones Paraninfo, S. A.
© 2024 Carlos Caballero González

Edición y maquetación: Ediciones Nobel, S. A.
Impresión: Liberdigital (Casarrubuelos, Madrid)

ISBN: 978-84-283-6354-9
Depósito legal: M-11333-2024

Impreso en España

A mis padres, hermanos y amigos por inculcarme los valores que conforman lo que soy.

A mis alumnos, porque sin ellos no hubiera tenido sentido este trabajo.

Carlos Caballero es doctor e ingeniero en Informática *cum laude* (2007 y 2013). Los estudios de doctorado realizados en Tecnologías Informáticas tienen mención especial de calidad por parte del MEC. Además, es titulado de varios másteres oficiales por la Escuela Técnica Superior de Ingeniería en Informática de Málaga (Inteligencia Artificial e Ingeniería del Software) y por la Escuela Técnica Superior de Ingenieros Industriales de la Universidad CEU-San Pablo (Prevención de Riesgos Laborares).

El autor es funcionario de carrera, profesor de las especialidades de Informática y de Sistemas y Aplicaciones Informáticas dependientes de la Junta de Andalucía desde el año 2008, impartiendo docencia directa a alumnos de ciclo formativo de grado superior de la familia profesional de Informática y Comunicaciones (Desarrollo de aplicaciones web cliente, Desarrollo de aplicaciones web servidor, Diseño de interfaces web...). Además imparte docencia en los estudios de Informática, Multimedia y Telecomunicación de la Universitat Oberta de Cataluña desde el curso 2013/2014.

Índice

Introducción normativa

La Ley Orgánica 3/2022, de 31 de marzo, de ordenación e integración de la Formación Profesional, contiene una disposición derogatoria única que afecta a la regulación de los certificados de profesionalidad, ahora denominados **Certificados Profesionales.** La referida normativa deroga la Ley Orgánica 5/2002, de 19 de junio, de las Cualificaciones y de la Formación Profesional, y abre un escenario de cambios que se irán implementando progresivamente.

La Ley Orgánica 3/2022, de 31 de marzo, de ordenación e integración de la Formación Profesional implica que toda la formación es acumulable. La oferta formativa se estructura de forma escalonada, siendo los Certificados Profesionales un nivel intermedio (Grado C) de una escala que va desde el Grado A hasta el E.

En los artículos 35 a 38 de la Ley 3/2022 se describe en qué consisten estos Certificados Profesionales: su oferta, formación asociada, estructura, duración, acceso, titulación y validez. Posteriormente, esta normativa se completa con lo dispuesto en el Real Decreto 659/2023, de 18 de julio, que desarrolla la ordenación del sistema de Formación Profesional. Concretamente en los artículos 67 a 81 es donde se hace referencia a la oferta formativa de Grado C, correspondiente a los Certificados Profesionales.

Están agrupados en 26 familias profesionales con características comunes del sector. En la actualidad hay más de medio millar de Certificados Profesionales incluidos en el Repertorio Nacional. Esta cifra no deja de crecer. Además, cada certificado está específicamente regulado por un real decreto.

Un Certificado Profesional corresponde al Grado C de la oferta del Sistema de Formación Profesional. Es un documento oficial, con validez en todo el territorio nacional y debe constar en el Catálogo Nacional de Ofertas de Formación Profesional, que certifica la capacitación para el desarrollo de una actividad profesional.

Debe detallar los módulos profesionales superados y los estándares de competencia profesional asociados a él e incluidos en el **Catálogo Nacional de Estándares de Competencias Profesionales,** así como su correspondencia con el Marco Español de Cualificaciones.

Despliegan su validez en un doble ámbito, laboral y académico:

- En el contexto laboral tienen validez profesional, porque acreditan las competencias en una determinada profesión. Para poder trabajar en algunas profesiones, se exigen determinadas cualificaciones, y los certificados sirven para acreditarlas.

- Asimismo, tienen validez académica, puesto que permiten continuar un itinerario formativo siempre que se cumplan los requisitos de acceso para cursar la titulación deseada. De tal modo que, los Certificados Profesionales que sean parte de un Grado D permitirán la matrícula modular para completar los módulos establecidos en el currículo y obtener el correspondiente título de técnico básico, técnico o técnico superior con validez en todo el territorio nacional.

Para obtener un Certificado Profesional (Grado C) es preciso cumplir con los requisitos de acceso para realizar la formación.

Estructura de los Certificados Profesionales

I. Identificación: denominación, familia y área profesional a la que pertenecen; nivel de cualificación profesional (1, 2 o 3); cualificación profesional de referencia; entorno profesional y módulos formativos que esté previsto cursar junto con la duración de cada uno de ellos.

II. Perfil profesional: incluye las competencias profesionales requeridas en el mercado laboral. En todas ellas se concretan las realizaciones profesionales y los criterios de realización.

III. Formación: describe los módulos formativos que esté previsto cursar para adquirir las competencias requeridas. En cada uno de ellos se indican las capacidades que se pretende alcanzar y la duración del módulo de prácticas no laborales —PNL—, para el que cabe solicitar exención si se cumplen determinados requisitos.

IV. Prescripciones de las personas formadoras.

V. Requisitos mínimos de espacios, instalaciones y equipamiento.

Los Certificados Profesionales se identifican con una denominación concreta y un código alfanumérico propio, y sirven para acreditar una determinada cualificación profesional. Cada certificado está asociado a una relación de unidades de competencia que, a su vez, se vinculan con una serie de módulos formativos específicos. Algunos módulos están integrados por unidades formativas y tanto unos como otras son, en ocasiones, transversales, lo que significa que se trata de contenidos incluidos en más de un Certificado Profesional.

Los Certificados Profesionales se articulan en tres niveles de competencia profesional (1, 2 y 3) conforme a lo dispuesto en el que será el Catálogo Nacional de Estándares de Competencias Profesionales, anteriormente Catálogo Nacional de Cualificaciones Profesionales (CNCP), según los criterios establecidos de conocimientos, iniciativa, autonomía y complejidad de las tareas, en cada una de las ofertas de Formación Profesional.

La oferta formativa dirigida a la obtención de los Certificados Profesionales tiene carácter modular para favorecer la acreditación parcial acumulable de la formación recibida y posibilitar así el avance en el itinerario de Formación Profesional para cualquiera que sea la situación laboral de cada persona en cada momento.

En definitiva, el Grado C constituye la oferta, parcial y acumulable, del sistema de Formación Profesional, de varios módulos profesionales del catálogo modular de Formación Profesional por razón de su significado en el mercado laboral y conducente a la obtención de un Certificado Profesional.

Las ofertas de Grado C de Formación Profesional tendrán por objeto módulos profesionales incluidos previamente en el catálogo modular de formación profesional y asociados al Catálogo Nacional de Estándares de Competencias Profesionales.

Finalidad de los Certificados Profesionales

- Contribuir a la ordenación de un Sistema de Formación Profesional al servicio de un régimen de formación y acompañamiento profesionales que sea capaz de responder con flexibilidad a los intereses, expectativas y aspiraciones de cualificación profesional de las personas a lo largo de su vida.

- Combinar escuela y empresa situando a la persona en el centro del sistema.

- Facilitar el aprendizaje permanente de toda la ciudadanía mediante una formación abierta, flexible y accesible, estructurada de forma modular, a través de la oferta formativa asociada al certificado.

- Acreditar las cualificaciones profesionales o las unidades de competencia recogidas en estas, independientemente de su vía de adquisición, bien sea través de la vía formativa, o mediante la experiencia laboral o vías no formales de formación.

- Favorecer, tanto a nivel nacional como europeo, la transparencia del mercado de trabajo.

- Contribuir a la calidad de la oferta de Formación Profesional.

Este libro

El presente libro desarrolla la Unidad Formativa denominada *Pruebas de funcionalidades y optimización de páginas web,* UF1306.

Dicha unidad formativa está asociada a la Unidad de Competencia UC0951_2, forma parte del Módulo Formativo MF0951_2 *Integración de componentes software en páginas web* perteneciente a la Cualificación Profesional de referencia IFC297_2, de nivel 2, incluida en el Certificado Profesional denominado *Confección y publicación de páginas web,* dentro de la familia profesional Informática y comunicaciones.

Según el Real Decreto 1531/2011, de 31 de octubre, modificado por el RD 628/2013, de 2 de agosto, los contenidos que en esta obra se recogen se corresponden con una duración de 90 horas.

Tanto la estructura como el desarrollo del libro se ajustan al citado real decreto y más concretamente a los contenidos de la Unidad Formativa que le da título *Pruebas de funcionalidades y optimización de páginas web,* UF1306.

Contenidos

1. **Validaciones de datos en páginas web**
   - Funciones de validación.
     - Descripción de las funciones.
     - Utilidad de las funciones.
     - Implementación de las funciones.
     - Validaciones alfabéticas, numéricas y de fecha.
     - Definición de validaciones.
     - Código de validación.
     - Ejecución del código de validación.
   - Verificar formularios.
     - Identificación de datos.
     - Implementación del código de verificación.
     - Comprobación de los datos introducidos por el usuario.

2. **Efectos especiales en páginas web**
   − Trabajar con imágenes: imágenes de sustitución e imágenes múltiples.
     • Selección de imágenes.
     • Optimización de imágenes.
     • Implementación de código con varias imágenes.
   − Trabajar con textos: efectos estéticos y de movimiento.
     • Creación de textos mejorados y con movimiento.
     • Implementación de efectos.
     • Adecuación de los efectos a la página web.
   − Trabajar con marcos.
     • Dónde utilizar los marcos.
     • Limitaciones de los marcos.
     • Alternativas a los marcos.
   − Trabajar con ventanas.
     • Creación de varias ventanas.
     • Interactividad entre varias ventanas.
   − Otros efectos.
     • Efectos con HTML.
     • Efectos con CSS.
     • Efectos con capas.

3. **Pruebas y verificación en páginas web**
   − Técnicas de verificación.
     • Fundamentales.
     • Técnicas HTML.
     • Técnicas CSS.
   − Herramientas de depuración para distintos navegadores.
     • Utilidades para HTML.
     • Utilidades para JavaScript.
     • Utilidades para CSS.
     • Utilidades para DOM.
   − Verificación de la compatibilidad de *scripts*.
     • Parámetros para distintos navegadores.
   − Creación de código alternativo para diversos navegadores.

■ Nota del Editor

En Ediciones Paraninfo estamos comprometidos con la calidad de la formación e intentamos que nuestros materiales respondan fielmente y con rigor a las necesidades de todos cuantos confían en nuestro sello editorial.

Tratamos de dar respuesta a los currículos de las unidades formativas y de los módulos que integran los distintos Certificados Profesionales, equilibrando la parte teórica con la práctica para que los procesos de aprendizaje se conviertan en experiencias gratificantes, tanto para docentes como para las personas inmersas en los procesos formativos.

Nuestros objetivos son contribuir de forma decisiva a afianzar aprendizajes, ayudar a adquirir destrezas que tengan significado para el empleo y conseguir potenciar el desarrollo personal.

Para lograrlo contamos con excelentes autores, expertos en las materias que abordan, en la mayoría de los casos docentes de dichas especialidades con dilatada experiencia tanto profesional como académica, porque buscamos perfiles familiarizados con los contextos laborales concretos a los que se refieren nuestros manuales.

Confiamos en poder serte de ayuda y esperamos tus impresiones acerca de nuestro trabajo. Sean positivas o negativas, serán muy bien recibidas y, sin duda, nos ayudarán a seguir mejorando y trabajando con ilusión para continuar siendo un referente en formación para el empleo.

Agradecemos tu confianza en nuestros manuales. Todo nuestro equipo queda a tu total disposición. Puedes contactar con nosotros en esta dirección de correo electrónico:

info@paraninfo.es

1. Validaciones de datos en páginas web

Contenido

Introducción

La interacción eficaz con los usuarios es fundamental en el desarrollo web. Estos usuarios, ya sea por desconocimiento o con intenciones maliciosas, pueden introducir datos erróneos. Aquí radica la importancia de la validación, que sirve tanto para guiar a los novatos como para bloquear intentos malintencionados.

La validación en el ámbito web se realiza principalmente en dos frentes:

- **Validación del lado del cliente** (*front-end*): implementada con herramientas como JavaScript, ofrece retroalimentación inmediata al usuario, mejorando su experiencia. Sin embargo, al basarse en código al que el usuario puede acceder y modificar, no es totalmente segura.

- **Validación del lado del servidor** (*back-end*): se realiza en el servidor utilizando lenguajes específicos de servidor. Aunque es más segura, ya que el código reside en el servidor y es inaccesible para manipulaciones maliciosas, puede resultar una experiencia de usuario menos fluida debido a los tiempos de espera en la validación.

Este capítulo se centrará en las técnicas y funciones de validación, analizará los aspectos clave a considerar y ofrecerá ejemplos prácticos, como la validación de formularios.

1.1. Funciones de validación

La **validación** es esencial cuando creamos páginas web que recolectan datos de los usuarios, como los formularios. Las razones principales para validar son:

1. **Corregir errores inocentes**, como errores tipográficos, formatos incorrectos o campos obligatorios olvidados.

2. Prevenir **accesos no autorizados o maliciosos**.

Las aplicaciones web operan bajo una arquitectura **cliente-servidor**. Esta arquitectura tiene dos componentes: el servidor, que ofrece recursos, y el cliente, que solicita estos recursos. Las funciones de validación varían según se programen en el lado del cliente o del servidor.

Validación del lado del cliente:

1. **Respuesta inmediata**: no requiere conexión a internet; la validación se realiza en el navegador del usuario.

2. **Problema de multiplataforma**: la aplicación web puede ser multiplataforma en cuanto a *hardware,* pero los navegadores interpretan el código de forma diferente. Es fundamental testear las funciones de validación en diversas versiones de navegadores.

3. **Código abierto**: el código es accesible por el usuario, lo que puede ser una ventaja en términos de rendimiento, pero una desventaja en seguridad.

4. **JavaScript**: es el lenguaje predominante para el desarrollo en el lado del cliente. Evoluciona constantemente, con versiones anuales desde ECMAScript 2015.

Validación del lado del servidor:

1. **Redundancia y ampliación**: se repiten las validaciones del lado del cliente y se añaden más, especialmente aquellas relacionadas con bases de datos y operaciones intensivas.

2. **Código cerrado**: el código está en el servidor, lo que lo protege de miradas no deseadas.

3. **Respuesta no inmediata**: hay un tiempo de espera, ya que los datos se envían al servidor y se espera su respuesta. La rapidez dependerá de la conexión del usuario y de la carga del servidor.

1.1.1. Descripción de las funciones

Una buena práctica en el desarrollo de aplicaciones es analizar y describir los problemas a resolver antes de abordarlos directamente. Para tal fin existen técnicas como los ordinogramas o el pseudolenguaje. No obstante, en esta sección se describen las funciones desde un punto de vista funcional por parte de un cliente no técnico. Así que no se utilizarán las herramientas anteriormente citadas, sino una descripción textual de las funciones de validación que se deben construir en nuestra aplicación web:

- **Formularios web**: es el principal elemento de recogida de datos por parte de usuarios, y por consiguiente el elemento prioritario que debe ser validado. Los formularios web están compuestos por diferentes controles.

  — **Obligatorios.** Son campos del formulario que deben ser completados por parte del usuario. Es decir, no pueden quedar vacíos o completados con espacios en blanco, a menos que esto sea indicado expresamente.

  — **Alfabéticos.** Son campos del formulario en los cuales obligatoriamente se deben introducir caracteres alfabéticos. Es posible que se requiera de un subconjunto del alfabeto. Por ejemplo, solamente los caracteres en minúsculas.

— **Numéricos.** Son campos del formulario en los cuales obligatoriamente se deben introducir números, bien porque son composición de números o cantidades numéricas.

— **Fechas.** Son campos del formulario en los cuales se deben introducir fechas, estas fechas pueden estar en diferentes formatos, pues la nomenclatura es diferente según el país. En España lo normal es indicar la fecha con el formato **dd/mm/aaaa**, es decir, dos dígitos para el día, dos dígitos para el mes y cuatro dígitos para el año. En otros países el formato es diferente.

- **Sistemas de *captcha*.** Debido a la aparición de los sistemas automáticos que completan los formularios y los envían a los servidores se han ideado sistemas que traten de diferenciar entre usuarios humanos y usuarios automáticos (programas informáticos). Los sistemas denominados *captcha* generan aleatoriamente un texto, imagen o pregunta que un usuario humano deberá razonar para poder validar que realmente es un humano. No existe una regla estandarizada que indique cómo construir dichos *captcha* llegándose a dar casos en los cuales la complejidad de dichas pruebas no son superadas por humanos reales.

Figura 1.1. Formulario web: *captcha*.

- **Sistemas de pagos.** Es bastante frecuente que en las páginas web se ofrezcan servicios que requieren ser abonados telemáticamente, por ejemplo, una tienda virtual. En estos casos hay que permitir a los usuarios realizar pagos desde la propia página web. Es primordial que los datos que se envían en una compra sean validados, puesto que se pueden estar solicitando productos incorrectos o precios inválidos que lleven a confusión al usuario a la hora de validar su compra. Los sistemas de pago en España tradicionalmente son proporcionados por las entidades bancarias que proporcionan la denominada *pasarela de pago*. Además de esto, está ampliamente extendido el uso de la pasarela de pago de la compañía PayPal, la cual suministra todos los mecanismos necesarios para que los desarrolladores de aplicaciones web solamente tengan que incrustar un fragmento de código y sea responsable de toda la validación la empresa PayPal.

- **Sistemas de búsquedas.** En una página web donde abunda la información o los productos es muy importante disponer de un buen sistema de búsquedas que permita a los usuarios filtrar los datos. La información que se envía al servidor debe ser previamente validada para que las consultas al servidor sean eficientes.

- **Sistemas de navegación.** No menos importante es un sistema de navegación adecuado. La interacción entre las diferentes páginas es vital para que los usuarios no se marchen del sitio web, puesto que si se encuentran errores de página no encontrada (404), estos pueden pensar que el recurso solicitado no existe y abandonar la página. Se debe validar que las URL del sistema de navegación existen realmente, ya que se solicitará al servidor que dicha página sea descargada desde el servidor web. En caso de que no exista, provocará que el usuario encuentre un callejón sin salida provocando que se marche del sitio web.

1.1.2. Utilidad de las funciones

Las funciones de validación tienen dos objetivos principalmente:

- **Guiar a los usuarios** en la introducción de datos en el sistema informático. Es decir, si un usuario introduce erróneamente algún dato, es tarea de las funciones de validación alertar del error cometido por el usuario y guiarle sobre cómo puede subsanarlo para que pueda continuar en el proceso de envío de datos al servidor.

- **Evitar usuarios malintencionados.** Existen usuarios y sistemas informáticos (automáticos) que tratan de atacar las páginas web para poder acceder a los datos de los usuarios (base de datos) de la misma. Es por ello que las funciones de validación (normalmente las que se escriben en el lado del servidor) deben evitar que se puedan introducir datos incorrectos que provoquen un error en la programación de nuestro *software* y permitan a estos usuarios o sistemas acceder a los datos privados.

Las funciones de validación no consisten exclusivamente en comprobar que el tipo de datos es el que corresponde ser, sino que también comprueban que los datos introducidos tienen un valor semántico adecuado a los datos que se solicitan al usuario. Por ejemplo, en un formulario web donde se debe introducir el DNI de un usuario español, se pueden teclear ocho dígitos seguidos de una letra y el formulario aceptaría que el tipo de datos introducido es válido, pero realmente esa validación es incorrecta, puesto que la generación de la letra del DNI está basada en un algoritmo en función de los ocho dígitos. Por lo tanto, la función de validación, además de comprobar que los datos introducidos corresponden al tipo de datos adecuado, también valida que los datos introducidos tienen un valor semántico adecuado a lo que se solicita.

1.1.3. Implementación de las funciones

La **implementación de las funciones** consiste en escribir las funciones en un lenguaje de programación concreto. Como ya se conoce, existen dos tipos de programación claramente diferenciadas según donde se desarrolle la función de validación, programación de lado del servidor y de lado de cliente, cada uno de estos enfoques es programado utilizando un lenguaje de programación diferente. En el caso de la programación de lado del cliente, el lenguaje de programación más ampliamente extendido es JavaScript. Por otro lado, en la programación de lado del servidor, el debate del lenguaje de programación e incluso del paradigma de programación sigue abierto aún. Es posible desarrollar estas funciones en lenguajes de programación como JAVA, C#, PHP, etc. No obstante, el lenguaje de guion de lado del servidor más popular hoy en día para el desarrollo de aplicaciones es PHP.

Antes de plantear el código fuente de las implementaciones (véase la sección 1.1.6), hay que describir cuáles son las validaciones que se aplican según el tipo de control que se desee validar. En esta descripción se omitirán las validaciones alfabéticas, numéricas y de fecha, puesto que tienen una mayor importancia dentro del conjunto de funciones de validación y serán descritas en la sección 1.1.4.

Validación de campos de texto obligatorios

El usuario debe introducir datos en los campos obligatorios sin que estos puedan quedar vacíos. Las validaciones que se deben tener en cuenta son las siguientes:

* Se debe haber introducido algún valor de cualquier tipo (numérico, fecha, alfabético, etc.). Para tener un mayor control sobre el tipo de datos que se introduce se combinará con la validación específica del tipo de datos.

- Se debe tener en cuenta que no se introduzcan exclusivamente espacios en blanco para saltarse la limitación del texto obligatorio.

- Longitud del dato introducido. En principio, con que el dato introducido tenga una longitud de una unidad es suficiente, mientras no sea el espacio en blanco. No obstante, es interesante forzar a que el campo obligatorio tenga una longitud mínima y máxima.

Validación de una dirección de correo electrónico

Son multitud de formularios los que solicitan al usuario que introduzca su dirección de correo electrónico. El correo electrónico es uno de los elementos principales a validar y puede ser configurado de diferentes modos en función del objetivo final que se vaya a hacer con el correo electrónico del usuario. En líneas generales para realizar la validación de una dirección de correo electrónico hay que efectuarla en dos fases:

- El formato del correo electrónico es correcto según las condiciones previamente especificadas por los desarrolladores. Por ejemplo, se puede querer especificar que las direcciones de correo que sean válidas sean solamente aquellas que pertenezcan a un proveedor de correo específico como pueden ser el de Microsoft (@microsoft.net), Gmail (@gmail.com) o de nuestra propia empresa (@empresa.es).

- Enviar un correo electrónico que el usuario tenga que pulsar sobre un enlace de validación. Esto es una doble comprobación, puesto que el usuario puede introducir una dirección de correo electrónica con formato correcto, pero que no le pertenezca a él o ni tan siquiera exista. Esta validación se hace desde el lado del servidor que es quien envía el correo electrónico con el código de validación para dicha cuenta de correo electrónico.

Para realizar la validación de una dirección de correo hay que tener en cuenta que las direcciones de correo se descomponen en las siguientes partes:

- **Nombre de usuario**: cadena de caracteres (alfabética) de al menos un carácter. Es decir, eliminamos signos de puntuación, interrogantes, exclamaciones, etc. No obstante se permiten normalmente los caracteres como punto (.), guion (-) y guion bajo (_).

- **@**: carácter elegido para separar el nombre del usuario con el proveedor del correo electrónico. Este símbolo es el utilizado debido a que en inglés se lee como *at* (*a* o *en*) haciendo referencia a que el usuario está *hospedado en* seguido del proveedor del servicio de correo.

- **Proveedor de correo:** cadena de caracteres (alfabéticas) que finaliza con un dominio. Hoy en día los dominios pueden ser de varios caracteres de longitud. Algunos proveedores de ejemplo son *gmail.com, ono.com, yahoo.es.*

Validación de una URL

La validación de una URL es importante cuando se solicita a los usuarios que introduzcan URL como pueden ser su página personal, perfil en redes sociales (Instagram, LinkedIn, etc.), o se quiera validar que el usuario suministra URL con protocolos específicos como pueden ser FTP o HTTPS. En estas validaciones lo que se comprueba es que los datos introducidos por el usuario se encuentran en el formato adecuado. Para validar si esa URL existe o no realmente, se debería desarrollar un sistema que accediera a dicha URL y comprobase que realmente devuelve el resultado que debe resolver. Para realizar estas tareas es necesario programarla desde el lado del servidor y es más compleja que la función de validación que se presenta en esta sección. Además, las funciones de validación de URL también pueden ser útiles si se crea un algoritmo que revise todas las URL de la página web, comprobando que todas tienen el formato adecuado para que no haya enlaces muertos en nuestro sitio web.

Las direcciones URL se pueden descomponer en las siguientes partes:

- **Protocolo:** los protocolos pueden ser HTTP, HTTPS, FTP, SMB, etc. Se debe limitar cuáles se quieren validar. Lo más frecuente es validar los protocolos HTTP, HTTPS y FTP.

- **Dominio:** cadena de caracteres seguida de un punto y varios caracteres. Es exactamente igual que la parte del proveedor de la validación de correos electrónicos.

- **Puerto:** el puerto está compuesto por los dos puntos (:) y un número entre 1-65.5535. No obstante, los puertos están estandarizados y normalmente son el 80, 8080, 445, etc. El puerto no es una parte obligatoria para la validación de URL, ya que si el puerto es el 80, por defecto, este puede ser omitido.

Validación de un color

La llegada de HTML5 ha incorporado tipos de entrada novedosos. Uno de los nuevos tipos de entrada es el de una paleta de color. Los colores en HTML pueden ser especificados utilizando dos formatos:

- **Nombre en inglés:** existe un reducido conjunto de colores que pueden ser especificados utilizando su nombre en inglés directamente, por ejemplo, *red*, *blue*, *green*, etc.

- **Hexadecimal:** los colores pueden ser especificados utilizando el formato en hexadecimal. Algunos ejemplos son #000000, #0A2F3C, #AAA. El formato comienza siempre por el símbolo de la almohadilla (#). Posteriormente aparecerán tres o seis caracteres en hexadecimal, los cuales abarcan los números y las letras de la A (a mayúscula) a la F (f mayúscula) en mayúsculas.

Validación de un teléfono

La validación de teléfonos es más compleja de lo que parece. Esta complejidad se produce cuando se mezcla la validación de teléfonos fijos, móviles e internacionales, prefijo nacional, prefijo internacional, etc. No obstante, a modo de resumen se pueden encontrar las siguientes circunstancias:

- **Teléfono fijo nacional:** los teléfonos fijos nacionales están compuestos por nueve cifras. Por ejemplo, 956232312.

- **Teléfono fijo internacional:** el teléfono fijo internacional consiste en añadir un prefijo al teléfono fijo nacional. De este modo, el teléfono fijo nacional anterior se transforma en los siguientes teléfonos: 00956232312 y +34956232312. Observe la complejidad, puesto que el número de nueve cifras anterior se transforma en uno de once comenzando por dos ceros consecutivos o comienza por el símbolo + seguido de dos cifras (corresponden al código del país) y finalmente las nueve cifras. Incluso hay países en los cuales después del símbolo + aparecen tres cifras según sea el país europeo o no. Para simplificar aquí la complejidad de la función de validación, se asumirá que el formato de los teléfonos internacionales cuando se utilice el símbolo + será seguido de dos cifras numéricas.

- **Teléfono móvil nacional:** los teléfonos móviles nacionales están compuestos igualmente por nueve cifras. No obstante, los teléfonos móviles nacionales hoy en día comienzan por el número 6 o 7. En el momento que haya un cambio en el estándar puede que nuestra función de validación se haya quedado obsoleta. Algunos ejemplos de teléfonos móviles nacionales son 656112121 y 711212132.

- **Teléfono móvil internacional:** los teléfonos móviles internacionales repiten el formato descrito para los teléfonos fijos internacionales en los cuales se pueden agregar los dos tipos de prefijos descritos (00 y +dd).

Por supuesto, en nuestras funciones de validación quedan excluidos los teléfonos especiales como pueden ser el 092, 112, 016, etc., los cuales tienen funciones diferentes según los países.

Validación de listas desplegables (*select*)

Las listas desplegables son utilizadas para minimizar los errores de los usuarios, puesto que las opciones están preconfiguradas por el desarrollador. Cada una de las opciones de la lista desplegable tiene asignada una clave que suele ser numérica y es la que se envía al servidor para realizar la operación. Por ejemplo, imagine una lista desplegable que permite filtrar una lista de viviendas por pisos, chalets, dúplex. Cada una de las anteriores opciones tiene asignado un código que será enviado al servidor para realizar la operación de filtrado.

Por lo tanto, la validación que se debe realizar en este tipo de controlador es que el valor de la clave es uno de los permitidos por las opciones de la lista. Por ejemplo, las opciones anteriores tienen asignados los códigos del 1 al 3, por tanto, no se podrá asignar un valor diferente a estos.

No obstante, el valor del código 0 suele asignarse a una opción por defecto que es la que introduce la información textual de "Seleccione una opción". De este modo, si además se desea que la lista desplegable sea obligatoria, no se podrá asignar el valor del código 0.

Validación de casillas de verificación (*checkbox*)

Los controles de validación *checkbox* permiten a los usuarios marcar las casillas de las opciones que este desea que se envíen al servidor. Las casillas de verificación permiten marcar entre ninguna y todas las opciones posibles y, por tanto, aquí es donde surge la necesidad de una función de validación por la cantidad de posibilidades que existen en este tipo de control.

En principio, si se desea total libertad de que se pueda marcar entre ninguna y todas las opciones, no hay que desarrollar ninguna función de validación, puesto que es el comportamiento por defecto de este control, pero si se desea que haya un número mínimo y máximo de opciones marcadas, se deberá desarrollar una función que permita calcular el número de opciones que están marcadas e informar al usuario en caso de que haya un error en las opciones marcadas.

Por otro lado, otra de las posibles validaciones de estos controladores son las casillas de verificación que se encuentren relacionadas. Imaginemos que tras marcar una casilla de verificación solamente se pueden marcar otras opciones posibles y solo esas. Aunque lo que habría que hacer es reconfigurar la interfaz de usuario (la página web) según las opciones marcadas, también es conveniente que exista la función de validación por si el navegador del usuario no permite tal reconfiguración de la interfaz del usuario. Este tipo de funciones de validación son muy específicas del contexto del problema que se quiere resolver y en este capítulo no se presentarán, puesto que no se puede construir una función de validación genérica que pueda ser útil a la mayoría de los lectores.

Validación de elementos de radio (*radiobutton*)

Los controles de validación *radiobutton* son una especialización de los controles *checkbox,* puesto que en este caso se agrupan las diferentes opciones posibles y solo se puede seleccionar una opción de cada grupo. Por defecto, puede estar alguna seleccionada, aunque lo lógico es que no haya ninguna seleccionada y sea el propio usuario el que seleccione la opción que desea.

Al estar tan limitada la acción del usuario es poco probable el error introducido por este. El único punto que validar en este tipo de controles es que realmente se haya elegido alguna de las opciones posibles, es similar a obligar a rellenar los campos de entrada, pero en este caso, se obliga a que se seleccione alguna de las opciones.

Validación de *captcha*

La validación de *captcha* conjuga la validación de lado del servidor y de lado del cliente. El *captcha* es generado en el lado del servidor utilizando un algoritmo específico para tal fin. Los *captcha* pueden plantear diferentes tipos de problemas tales como escribir un texto que ha sido generado en formato de imágenes, solucionar un problema matemático como puede ser una operación matemática, resolver un puzzle arrastrando y soltando, contestar preguntas sobre una imagen generada o responder preguntas de conocimientos básicos para cualquier ser humano.

Debido a que la casuística es amplia y variada, no se pueden dar recomendaciones sobre las validaciones a realizar, puesto que según el problema que propone el propio *captcha* se deberá hacer uso de las validaciones anteriormente descritas.

1.1.4. Validaciones alfabéticas, numéricas y de fecha

Las validaciones de mayor importancia son las alfabéticas, numéricas y de fecha y son las que se pasan a describir a continuación.

Validaciones alfabéticas

Para las validaciones alfabéticas hay que tener en cuenta los siguientes requisitos:

- Solo deben aparecer caracteres alfabéticos, es decir, no pueden aparecer signos de puntuación o números. No obstante, en el alfabeto sí pueden aparecer símbolos con signos de puntuación como son á, è, ö, ú, etc. Obsérvese que según el propósito de nuestra web se pueden utilizar caracteres específicos para algunos idiomas u otros.

- Se debe validar si son obligatorios y, por tanto, no pueden estar vacíos o rellenos con espacios en blanco. Estas validaciones se pueden combinar con las validaciones anteriormente descritas.

Validaciones numéricas

La validación numérica es aquella en la que solamente pueden aparecer números (cifras). En estas validaciones algunas veces se clasifican las validaciones de los números de teléfono o del propio DNI, aunque estos tengan algunos valores no numéricos. No obstante, siendo puristas las validaciones numéricas son aquellas en las que solamente aparecen cifras y ningún otro tipo de carácter.

Las principales validaciones que se pueden hacer en el tipo de datos son:

- **Tipo de dato:** los números pueden ser enteros o decimales. Si se requiere que un dato sea entero, por ejemplo, al validar la edad de una persona, no se pueden introducir valores decimales. Del mismo modo, a veces es necesario tener datos decimales como puede ser para especificar la altura de una persona. A la hora de introducir datos decimales, hay que tener en cuenta que el separador no es el mismo en todos los países. En algunos países se utiliza como separador la coma (,) y en otros el punto (.) para los decimales o los millares. Es muy importante indicar al usuario qué separador debe utilizar, puesto que 1.000 puede ser el valor mil o el valor uno coma seguido de tres ceros.

- **Precisión:** la precisión en los números decimales indica el número de cifras que se puede introducir en la parte decimal. Según algunas aplicaciones puede resultar interesante solamente disponer de los números redondeados hasta la segunda o tercera cifra. Se debe disponer de una función de validación que permita comprobar cuántas cifras se han introducido por parte del usuario.

Validaciones de fecha

Las validaciones de fechas suelen ser las más complicadas para los desarrolladores, puesto que existe un gran abanico de posibilidades de cómo los
usuarios introducen las fechas. Algunas propuestas de introducción de fechas
pueden ser las siguientes:

1. Utilizando tres controles de *select* en los que se introducen día, mes y
   año. Esta manera de meter de modo independiente el día del mes puede
   conllevar problemas como son insertar números de días en meses que
   no existen, por ejemplo, 30 de febrero o 31 de abril. Además, no se tienen
   en cuenta los años bisiestos, lo que puede provocar una gran cantidad de
   errores por parte de los usuarios.

2. Utilizando nuevos tipos de datos de HTML5 como *calendar*. Estos nuevos
   tipos son las tradicionales cajas de texto (*input*) en las que los navegadores han empezado a introducir nativamente (hay soluciones con bibliotecas externas) la aparición de un calendario en el que el usuario solamente
   debe seleccionar el día en el calendario y se autocompletará en la caja de
   texto la fecha en el formato adecuado. Esto proporciona mayor usabilidad
   a nuestra web que la introducción de información tradicional, ya que esta
   puede ser introducida escribiendo directamente la fecha por los usuarios,
   sin perjuicio de disponer de las nuevas características de HTML5.

En caso de que el usuario introduzca la fecha utilizando el teclado, se debe
tener en cuenta la validación del formato de fecha, puesto que no es igual en
todos los países: en algunos primero se introducen los días y en otros, sin embargo, los meses. Por ejemplo, 12/14/2025 y 14/12/2025 son fechas equivalentes en España y en Estados Unidos, ya que ambos países utilizan formatos diferentes. Por otro lado, también hay que definir cuál será el separador,
puesto que en ocasiones se utiliza la barra invertida (/) y en otras ocasiones
el guion (-).

1.1.5. Definición de validaciones

En las secciones anteriores se han descrito las funciones de validación que se
pueden implementar según la problemática que se quiera resolver en nuestra
aplicación web. Estas funciones de validación han sido descritas de un modo
bastante ambiguo, ya que según el problema concreto que se quiera resolver
se deben aplicar unas u otras validaciones. Antes de desarrollar las funciones
de validación hay que realizar una fase de análisis en la cual se describa qué
se quiere validar y cómo se quiere resolver el problema propuesto. En esta
sección se van a diseñar las funciones de validación según las descripciones

desarrolladas a lo largo del capítulo para ofrecer soluciones genéricas que puedan ser útiles en la mayoría de los proyectos web. En la sección 1.1.6 se mostrará el código fuente de las diferentes funciones de validación diseñadas en esta sección.

Cuando se diseñan las funciones que después serán implementadas normalmente se confecciona la cabecera de la función y una definición de lo que hace dicha función. Una cabecera de una función está compuesta por las siguientes partes:

- **Valor de retorno.** Es el tipo de dato que retornará la función. Puede no retornar ninguno y se indica con la palabra reservada void.

- **Nombre de función.** Es el nombre de la función. Los nombres de las funciones deben ser indicativos de la tarea que realiza la función.

- **Parámetros.** Lista de parámetros que requiere la función para llevarse a cabo.

Por ejemplo, la cabecera de una función que realiza la hipotenusa de un triángulo es mostrada en el Ejemplo 1.1. En dicha función la hipotenusa retorna un resultado del tipo float y para calcular la hipotenusa es necesario disponer de los dos catetos que son del tipo float también. Observe que la sintaxis de la cabecera no está sujeta a implementación en un lenguaje concreto, sino que las cabeceras permiten luego ser adaptadas a diferentes lenguajes de programación, puesto que son parte del diseño del *software* y no de la implementación en concreto.

```
float hipotenusa (float cateto1, float cateto2);
```

Ejemplo 1.1 Cabecera de la función hipotenusa.

En la Tabla 1.1 se describen las cabeceras de las funciones de validación que se implementarán en la siguiente sección:

Tabla 1.1. Cabeceras de las funciones de validación

Cabecera	Descripción
boolean **testObligatorio** (campo)	Valida si el elemento del formulario campo es obligatorio. Retorna el valor true en caso de superar el test y el valor false en caso de no superarlo.

Cabecera	Descripción
boolean **testTexto** (campo, min, max)	Valida si el elemento del formulario **campo** es exclusivamente texto y la longitud de la cadena de caracteres está comprendida entre min y max. Retorna el valor **true** en caso de superar el test y el valor **false** en caso de no superarlo.
boolean **testEmail** (campo)	Valida si el elemento del formulario **campo** es un correo electrónico. Retorna el valor **true** en caso de superar el test y el valor **false** en caso de no superarlo.
boolean **testCPNacional** (campo)	Valida si el elemento del formulario **campo** es un código postal español. Retorna el valor **true** en caso de superar el test y el valor **false** en caso de no superarlo.
boolean **testTelefono** (campo)	Valida si el elemento del formulario **campo** es un teléfono fijo o móvil con o sin prefijo. Retorna el valor **true** en caso de superar el test y el valor **false** en caso de no superarlo.
boolean **testTelefonoFijoNacional** (campo)	Valida si el elemento del formulario **campo** es un teléfono fijo nacional. Retorna el valor **true** en caso de superar el test y el valor **false** en caso de no superarlo.
boolean **testTelefonoFijo** (campo)	Valida si el elemento del formulario **campo** es un teléfono fijo nacional o internacional (incluyendo prefijo). Retorna el valor **true** en caso de superar el test y el valor **false** en caso de no superarlo.
boolean **testTelefonoMovilNacional** (campo)	Valida si el elemento del formulario **campo** es un teléfono móvil nacional. Retorna el valor **true** en caso de superar el test y el valor **false** en caso de no superarlo.
boolean **testTelefonoMovil** (campo)	Valida si el elemento del formulario **campo** es un teléfono móvil nacional o internacional. Retorna el valor **true** en caso de superar el test y el valor **false** en caso de no superarlo.
boolean **testURL** (campo)	Valida si el elemento del formulario **campo** es una dirección URL válida. Retorna el valor **true** en caso de superar el test y el valor **false** en caso de no superarlo.

Cabecera	Descripción
boolean **testColor** (campo)	Valida si el elemento del formulario campo es un color válido en formato hexadecimal. Retorna el valor true en caso de superar el test y el valor false en caso de no superarlo.
boolean **testFecha** (campo)	Valida si el elemento del formulario campo es una fecha en un formato válido. Retorna el valor true en caso de superar el test y el valor false en caso de no superarlo.
int **testLista** (campo)	Valida si en el elemento del formulario campo se ha seleccionado una opción válida de las disponibles. Retorna un valor entero correspondiente a la opción seleccionada, el valor 0 en caso de no seleccionarse ninguna y -1 en caso de no superar el test.
(elemento[] | boolean) **testCasillas** (campo, min, max)	Valida si en el elemento del formulario campo se han seleccionado entre min y max número de opciones. El campo obligatorio no existe, puesto que se puede establecer con el min. Retorna la lista de opciones seleccionadas o el valor false en caso de no superar el test.
(elemento | boolean) **testRadio** (campo)	Valida si en el elemento del formulario campo se ha seleccionado una opción. El campo obligatorio especifica si el campo es obligatorio. Retorna la opción seleccionada y el valor false en caso de no seleccionarse ninguna.

1.1.6. Código de validación

En esta sección, mostraremos los códigos fuente de las funciones descritas anteriormente. Utilizaremos JavaScript para estas implementaciones, dado que es el lenguaje de programación del lado del cliente más popular y ampliamente adoptado para este propósito. Las funciones de validación se basarán en gran medida en expresiones regulares, las cuales se detallarán a continuación.

Expresiones regulares

Las **expresiones regulares** (regex) son una secuencia de caracteres que permite construir un patrón de caracteres, también se dice que las expresiones regulares construyen un lenguaje regular utilizando un determinado alfabeto. Las expresiones regulares se utilizan en la mayoría de los lenguajes de programación, y, aunque su notación puede variar, no suele diferir demasiado en líneas generales. Las utilidades que se les puede dar a las expresiones regulares son para realizar tareas de sustitución de caracteres, realizar búsquedas de patrones en una cadena dada y, por supuesto, para construir funciones de validación.

Aunque parezca un concepto novedoso, la mayoría de los usuarios han utilizado alguna vez expresiones regulares, puesto que cuando se realizan búsquedas en sistemas operativos se suelen utilizar los comodines *.* para referirse a que se busque cualquier "*cosa*" que tenga un punto . por delante y por detrás de esta. A veces se hace uso de expresiones regulares para buscar ficheros por un determinado formato. Por ejemplo, si se quiere buscar una foto y se aplica el patrón "*.jpg" el cual permite buscar cualquier fichero con cualquier nombre, pero que termine en la extensión .jpg.

Otro ejemplo sencillo de aplicación para afianzar el concepto de expresión regular es el siguiente:

- Si se dispone del patrón **em**.

- La cadena *empieza* daría por válida la aparición del patrón en la cadena.

- La cadena *premios* daría por válida la aparición del patrón en la cadena, puesto que se encuentra en el texto, aunque sea entre otros caracteres.

- La cadena *jinem* daría por válida la aparición del patrón en la cadena.

- La cadena *permiso* no daría por válida la aparición del patrón, puesto que el patrón es una **e** seguida de una **m** y en este caso se encuentran las letras separadas por otros caracteres en medio.

En definitiva, las expresiones regulares buscan la aparición del patrón descrito en una cadena de texto, lo cual va a permitir realizar validaciones. No obstante, hasta este momento se ha mostrado el patrón más sencillo que consiste en especificar directamente la cadena que se quiere buscar, pero el verdadero poder de las expresiones regulares es la flexibilidad en la búsqueda de patrones al hacer uso de **metacaracteres** especiales. Los metacaracteres permiten búsquedas tan interesantes como encontrar una o más 'c', encontrar espacios en blanco, o que aparezcan caracteres especiales.

La Tabla 1.2 muestra una lista de los caracteres especiales que pueden ser utilizados en las expresiones regulares.

Tabla 1.2. Caracteres especiales en las expresiones regulares

Carácter	Significado
*	Busca el carácter precedente 0 (cero) o más veces. Por ejemplo, la expresión /uh*/ buscará la cadena u, uh, uhh, uhhh, uhhhh… Es importante observar que se aplica solamente al carácter h, puesto que es el carácter que precede al metacarácter.
+	Busca el carácter precedente 1 (una) o más veces. Es como el metacaracter *, pero obliga a que el carácter aparezca al menos una vez, a diferencia de * con el que no es obligatorio que aparezca una vez. Por ejemplo, la expresión /uh+/ buscará la cadena uh, uhh, uhhh, uhhhh…
?	Busca el carácter precedente 0 (cero) o 1 (una) vez. Por ejemplo, la expresión regular /sep?tiembre/ buscará por las cadenas setiembre y septiembre.
.	El punto decimal coincide con cualquier carácter excepto con el carácter de nueva línea, incluyendo signos de puntuación. Por ejemplo, la expresión /.o/ permite buscar en las cadenas o, ao, no, eo, po, ?o, etc.
X | Y	Se tomará una expresión regular u otra. Por ejemplo, la expresión /mama | papa/ buscará tanto por la cadena mama como por la cadena papa. Las expresiones pueden ser más complicadas y utilizar metacaracteres dando lugar a expresiones como la siguiente /(m|p)?a (m|p)?a/. En este ejemplo puede parecer que genera igualmente las cadenas mama y papa, pero conlleva un problema, se están introduciendo palabras en la búsqueda como válidas que realmente no lo son. En este caso concreto también son válidas las cadenas pama y mapa.
$	Busca el carácter que lo precede al final de la entrada. Por ejemplo, la expresión /s$/ no encontrará el carácter s en la siguiente cadena solo, mientras que sí lo encontrará en la cadena pocos, puesto que la cadena finaliza por el carácter s.
^	Busca el carácter que lo sigue al principio de la entrada. Por ejemplo, la expresión /^s/ encontrará la cadena solo, pero no encontrará la cadena pocos.
\	La barra invertida tiene varios significados. Si se utiliza junto a un carácter literal, indica que el carácter es especial, como se verán a continuación y, por tanto, no debe interpretarse como un carácter más. Por ejemplo, al usar la expresión /n/ se está indicando el carácter n, mientras que si se utiliza junto a la \ en la expresión /\n/ el carácter deja de ser n y pasa a tener un significado diferente. En este caso en concreto es el salto de línea. Por otro lado, la barra invertida cuando se utiliza en caracteres especiales cambia el significado para que deje de ser un carácter especial y sea tratado como un carácter literal. Por ejemplo, el **?** es un carácter especial que significa que aparecerá 0 (cero) o 1 (una) vez la expresión que lo preceda. Por ejemplo, la expresión /0?/ indica que el carácter 0 puede aparecer una o ninguna vez. En cambio, si lo que se desea es aplicar el patrón 0?, es necesario transformar el carácter ? a uno literal con la barra invertida. La expresión quedaría de la siguiente manera /0\?/.

Carácter	Significado
{N}	La expresión que lo precede tiene que aparecer exactamente N veces, donde N debe ser un número entero. Por ejemplo, la expresión /b{2}/ no encontrará la cadena *buenos*, mientras que sí se localizará la cadena *bbuenos*.
{N, M}	La expresión que lo precede tiene que aparecer entre N y M veces. Siendo N y M números enteros. Por ejemplo, la expresión /b{2,3}/ encontrará las cadenas *bbuenos* y *bbbuenos*, mientras que la cadena *buenos* no se localizará.
{N,}	La expresión que lo precede tiene que aparecer como mínimo N veces, pero no hay un máximo de apariciones. N debe ser un número entero. Por ejemplo, la expresión /b{2,}/ permite buscar en las cadenas donde aparezcan las cadenas *bb, bbb, bbbb*… La expresión {1,} es equivalente al metacarácter +.
{,M}	La expresión que lo precede tiene que aparecer como máximo M veces, pero sin mínimo. M debe ser un número entero. Por ejemplo, la expresión /b{,2}/ permite buscar en las cadenas donde aparezcan las cadenas *(vacía), b, bb.*
[XYZ]	Este patrón concuerda con uno de los caracteres que se encuentran dentro de los paréntesis. Los caracteres especiales como punto (.) y asterisco (*) no son especiales dentro de los paréntesis. Además, se pueden especificar rangos de caracteres si son separados entre guiones. Algunos ejemplos: • /[aeiou]/: cualquier vocal. • /[a-g]/: cualquier carácter entre la *a* y la *g*. • /[0-9]/: cualquier número entre 0 y 9. • /[a-zA-Z0-9]/: cualquier carácter entre la a-z, la A-Z y los números 0-9.
[^XYZ]	Conjunto de caracteres negados. Es decir, cualquier carácter será válido, salvo los que se encuentran en el rango. De este modo, la expresión /[^a-f]/ buscará cualquier carácter, mientras no sean *a, b, c, d, e* y *f*.
\b	Indica el principio y final de una palabra. No confundir con ^ y $ donde se refieren a la línea. En este caso, es para separar palabras, por ejemplo, la expresión /\bhola\b/ permite encontrar la aparición de la palabra *hola* independientemente de que se localice al principio o al final del texto.
\B	Es la expresión contraria a \b. Es decir, busca la expresión, mientras no concuerde con el principio y final de la palabra.
\d	Es equivalente a la expresión /[0-9]/. Es decir, cualquier número entre 0 y 9.
\D	Es equivalente a la expresión /[^0-9]/. Es decir, cualquier carácter que no sea un número entre 0 y 9.
\f	Este metacarácter es equivalente a un salto de página en el texto.
\n	Este metacarácter es equivalente a un salto de línea en el texto.
\s	Este metacarácter es equivalente a un espacio en blanco.

Carácter	Significado
\S	Este metacarácter es la contraria a \s. Es decir, se localizará cualquier carácter que no sea un espacio en blanco.
\t	Este metacarácter es equivalente a un tabulado en el texto.
\v	Este metacarácter es equivalente a un tabulado vertical en el texto.
\w	El metacarácter \w es utilizado para encontrar caracteres *palabra*. Los caracteres denominados *palabra* son cualquiera de los que se encuentren entre *a-z, A-Z, 0-9* y el carácter especial guion bajo _.
\W	El metacarácter \W es el contrario al metacarácter \w. Es decir, cualquier carácter que no sea de los denominados de *palabra*.
(x)	Se realizan búsquedas por la expresión *x* la cual se almacenará temporalmente para poder realizar operaciones posteriores sobre ella. Por ejemplo, la expresión */(texto)/* encuentra la palabra *texto* en la cadena y se almacenarán las apariciones en un *array* por orden de aparición. Estos paréntesis son conocidos como paréntesis captura.
(?:x)	Es igual que la expresión *(x)*, pero no se almacenan las apariciones en el *array* resultante. Son conocidos como paréntesis no-captura.
x(?=y)	Se encuentra *x* solo si *x* es seguido de *y*. Por ejemplo, la expresión */Luis(?=Garcia)/* encuentra *Luis* solo si este es seguido de *Garcia*, pero Garcia no será parte del resultado encontrado. Un ejemplo más complejo puede ser el de la expresión */Luis(?=Garcia|Suarez)/* en el cual solo se encuentra *Luis* si está seguido de *Garcia* o *Suarez*, pero ni *Garcia* ni *Suarez* serán parte del resultado.
x(?!y)	Es la inversa de la expresión *x(?=y)*. Es decir, encuentra *x* solo si no va seguido de *y*. Por ejemplo, si se desea encontrar un número si este no va seguido de un punto se utilizará la expresión */\d+(!\.)/*.

Al existir una gran variedad de posibilidades de crear patrones, la única manera de aprender perfectamente a manejarlos es trabajar con ellos y consultarlos cuando sea necesario. En la Tabla 1.3 se muestran algunas de las construcciones más ampliamente utilizadas que pueden servir de guía.

Tabla 1.3. Algunas construcciones utilizadas para crear patrones

Expresión	Significado
Cualquier letra minúscula	[a-z]
Cualquier letra mayúscula	[A-Z]
Cualquier número	[0-9]
Cualquier texto alfanumérico	[a-zA-Z0-9]+

Expresión	Significado
Número entero	^(?:\+|-)?\d+$
Correo electrónico	[\w-\.]{3,}@([\w-]{2,}\.)*([\w-]{2,}\.)[\w-]{2,4}
URL	^(ht|f)tp(s?)\:\/\/[0-9a-zA-Z]([-.\w]*[0-9a-zA-Z])* (:(0-9)*)*(\/?)([a-zA-Z0-9\-\.\?\,\'\/\\\+&%\$#_]*)?$
Fecha	^\d{1,2}\/\d{1,2}\/\d{2,4}$ (Formato dd/mm/yyyy)
Hora	^(0[1-9]|1\d|2[0-3]):([0-5]\d):([0-5]\d)$ (Formato hh:mm:ss)
Teléfono básico	^[9|6|7]{1}([\d]{2}){4}$
Código postal	^([0-5][0-2]\d{3}|(070|071|080)\d{2})$

Uso de expresiones regulares en JavaScript

En el lenguaje de programación JavaScript existen dos modos de utilizar las expresiones regulares:

- Definiendo el patrón literalmente. Se puede almacenar en una variable o no.

- Utilizando el objeto estático RegExp, el cual puede ser invocado desde cualquier lugar del código fuente, puesto que hereda directamente del objeto window.

La sintaxis para la creación de expresiones regulares utilizando las dos maneras anteriormente descritas se muestra en el Ejemplo 1.2.

```
const expresion = /pattern/;
const expresion = new RegExp("pattern");
```

Ejemplo 1.2. Creación de expresiones regulares en JavaScript.

Observe que en el primer modo se debe introducir la expresión entre barras (/) para que el intérprete de JavaScript sepa que es una expresión regular en lugar de una simple cadena de texto. En el segundo lugar se instancia el objeto RegExp con el patrón específico. La principal ventaja de utilizar el objeto RegExp es que se pueden crear los patrones de modo dinámico, mientras que en el modo literal se debe conocer de antemano. A continuación se describirá el uso de expresiones regulares de las dos maneras.

En JavaScript, al patrón construido se le pueden aplicar unos modificadores que permiten modificar la expresión regular. En la Tabla 1.4 se describen los modificadores existentes.

Tabla 1.4. Modificadores de las expresiones regulares

Modificador	Significado
g	Se realizan búsquedas globales. En caso de que no se aplique este modificador por defecto se localiza la primera ocurrencia del patrón y se finaliza la búsqueda. Por ejemplo, el patrón /ain/g permite encontrar todas las ocurrencias en la cadena lain in pains.
i	No distingue entre mayúsculas y minúsculas. Por ejemplo, el patrón /The/i aceptará las cadenas the, The, tHe, thE, THe, ThE, tHE, THE.
m	Permite las múltiples líneas y, por lo tanto, se pueden utilizar varias veces los metacaracteres ^ y $.
s	Incluye el salto de línea en el comodín punto (.).
x	Ignora los espacios en blanco en el patrón.

Métodos y uso de expresiones regulares con el objeto String

El objeto String de JavaScript tiene cuatro métodos que hacen uso de las expresiones regulares. Estos métodos permiten buscar, trocear y sustituir cadenas de textos haciendo uso de las expresiones. En la Tabla 1.5 se describen estos métodos.

Tabla 1.5. Métodos de expresiones regulares aplicados al objeto String

Método	Descripción
match(expresión regular)	Se realiza una búsqueda que encaje con la expresión regular. La función retorna un **array** con la información o **null** si no encuentra ningún resultado.
replace(expresión regular, texto a reemplazar)	Busca y reemplaza en el texto por el texto a reemplazar que encaje con la expresión regular.
split(expresión regular o literal)	Trocea una cadena basada en la expresión regular o literal. Esta función retorna un **array** de subcadenas.
search(expresión regular)	Comprueba si la expresión regular existe en la cadena. La función retorna el índice de donde aparece la expresión regular o -1 si no lo encuentra. Esta función no permite búsquedas globales (el flag **g**).

A continuación se muestran algunos fragmentos de código en los que se aplican las funciones de expresiones regulares con el objeto String.

En el Ejemplo 1.3 se muestra la utilización del método match sobre un String en el cual se retornan todas las apariciones de la cadena as, puesto que se ha utilizado el modificador g para que sea global. Al pulsar el botón, se dispara el manejador de eventos asociado al evento click en el cual se vuelca el resultado del String generado en el elemento resultado.

```html
<!DOCTYPE html>
<html>
<head>
    <meta charset="utf-8"></meta>
    <title>Ejemplo</title>
</head>
<body>
    <button id="elemento">Busca</button>
    <p id="resultado"></p>
    <script>
        function click() {
            const str = "Retorna todas las apariciones en las que
aparece la cadena as";
            const resultado = str.match(/as/g);
            document.getElementById("resultado").innerHTML =
resultado;
        }
        window.document.getElementById('elemento').
addEventListener('click', click);
    </script>
</body>
</html>
```

Ejemplo 1.3. Utilización del método *match*.

En el Ejemplo 1.4 se muestra la utilización del método replace. En concreto se muestra una frase en la cual se van a modificar todas las apariciones de la palabra blanco por la palabra gris. Es importante observar que el modificador g es el que nos permite que se modifiquen todas las apariciones y no solamente la primera. En el caso de que solamente se quiera modificar la primera aparición no es necesario utilizar ningún modificador, ya que este es el comportamiento por defecto.

```
<!DOCTYPE html>
<html>
<head>
  <meta charset="utf-8"></meta>
  <title>Ejemplo</title>
</head>
<body>
  <p id="elemento">El caballo blanco de Santiago es de color
blanco.</p>
  <button id="boton">¡Reemplaza!</button>
  <script>
    function click() {
      var str = document.getElementById("elemento").innerHTML;
      var resultado = str.replace(/blanco/g, "gris");
      document.getElementById("elemento").innerHTML = resultado;
    }
    document.getElementById('boton').addEventListener('click', click);
  </script>
</body>
</html>
```

Ejemplo 1.4. Utilización del método *replace*.

En el Ejemplo 1.5 se muestra la utilización del método split. Este método permite trocear una cadena utilizando una expresión regular. En el ejemplo se muestra su aplicación sobre una misma cadena en la que se han definido diferentes separadores. En el primer caso, si no se introduce separador, o mejor dicho, el separador son todos los elementos "", el resultado sería la cadena separada por comas en cada uno de los caracteres. En el segundo ejemplo se utiliza como separador el espacio en blanco " " y por consiguiente se consigue separar la frase por palabras. El tercer ejemplo es más interesante, puesto que se hace uso del segundo parámetro de la función split el cual nos permite delimitar el número de elementos troceados que se quieren recuperar. Así, en el tercer ejemplo se retornan las cuatro primeras palabras. Finalmente, en el último ejemplo se utiliza un carácter diferente al espacio en blanco, lo que provoca la separación de la frase a partir de ese carácter, el cual no aparece en ningún momento en los elementos troceados.

```
<!DOCTYPE html>
<html>
<head>
  <meta charset="utf-8"></meta>
```

```
    <title>Ejemplo</title>
</head>
<body>
    <p id="elemento">El caballo blanco de Santiago es de color
blanco.</p>
    <p id="resultado1"></p>
    <p id="resultado2"></p>
    <p id="resultado3"></p>
    <p id="resultado4"></p>
    <button id="boton">¡Trocea!</button>
        <script>
            function click() {
                const str = document.getElementById("elemento").
innerHTML;
                let resultado = str.split("");
                document.getElementById("resultado1").innerHTML =
resultado;
                resultado = str.split(" ");
                document.getElementById("resultado2").innerHTML =
resultado;
                resultado = str.split(" ", 4);
                document.getElementById("resultado3").innerHTML =
resultado;
                resultado = str.split("a", 3);
                document.getElementById("resultado4").innerHTML =
resultado;
            }
        document.getElementById('boton').addEventListener('click',
click);
    </script>
</body>
</html>
```

Ejemplo 1.5. Utilización del método *split*.

En el Ejemplo 1.6 se muestra la utilización del método match el cual va a permitir localizar si existe o no un patrón en una cadena y recupera el índice de la posición en la que se localiza dicho patrón. En caso de que no exista, se retornará el valor -1. En este ejemplo se ha ilustrado el patrón para que sea *case-sensitive* y *case-insensitive*. En la primera búsqueda realizada en el Ejemplo 1.6, se utiliza el patrón 'blanco'. En este caso, si el usuario busca la palabra 'Blanco', solo encontrará coincidencia con la segunda aparición de la palabra 'blanco'. La segunda búsqueda se realiza *case-insensitive* lo cual es logrado haciendo uso del modificador *i* en la definición del patrón. El resultado que se obtiene en este segundo caso es el índice de la primera aparición de la palabra 'Blanco'.

```
<!DOCTYPE html>
<html>
<head>
  <meta charset="utf-8"></meta>
  <title>Ejemplo</title>
</head>
<body>
  <p id="elemento">El caballo Blanco de Santiago es de color
blanco.</p>
  <p id="resultado1"></p>
  <p id="resultado2"></p>
  <button id="boton">¡Busca!</button>
  <script>
    function click() {
      const str = document.getElementById("elemento").innerHTML;
      let res = str.match("blanco");
      document.getElementById("resultado1").innerHTML = res.
index;
      res = str.match(/blanco/i);
      document.getElementById("resultado2").innerHTML = res.
index;
    }
    document.getElementById('boton').addEventListener('click',
click);
  </script>
</body>
</html>
```

Ejemplo 1.6. Utilización del método *match*.

Métodos y uso de expresiones regulares con el objeto RegExp

El objeto `RegExp` de JavaScript tiene asociado varios métodos que permiten validar expresiones regulares sobre cadenas. En la Tabla 1.6 se muestran los métodos asociados al objeto `RegExp`.

Tabla 1.6. Métodos de expresiones regulares aplicadas al objeto RegExp

Método	Descripción
test	Comprueba un patrón en una cadena. Retorna `true` o `false`.
exec	Comprueba un patrón en una cadena. Retorna la primera aparición que concuerda con el patrón.
toString	Retorna el valor `String` de la expresión regular.

En el Ejemplo 1.7 se muestra la utilización del método test el cual va a ser fundamental para la creación de las funciones de validación, puesto que va a permitir saber si una cadena cumple o no con un patrón. En este ejemplo se han aplicado dos patrones básicos sobre una cadena de caracteres. El primer patrón consiste en buscar la palabra 'color' la cual se encuentra en la cadena de caracteres y el método test generará el resultado true, mientras que el segundo patrón consiste en buscar la palabra 'azul' la cual no aparece en la cadena y el método test generará el resultado de false.

```html
<!DOCTYPE html>
<html>
<head>
    <meta charset="utf-8"></meta>
    <title>Ejemplo</title>
</head>
<body>
    <p id="elemento">El caballo Blanco de Santiago es de color
blanco.</p>
    <p id="resultado1"></p>
    <button id="boton">¡Comprueba!</button>
    <script>
        function click() {
            const str = document.getElementById('elemento').innerHTML;
            const patt = /color/g;
            const result = patt.test(str);
            const patt2 = /azul/g;
            const result2 = patt2.test(str);
            document.getElementById("resultado1").innerHTML =
result + "<br>" + result2;
        }
        document.getElementById('boton').addEventListener('click',click);
    </script>
</body>
</html>
```

Ejemplo 1.7. Utilización del método test.

En el Ejemplo 1.8 se muestra la utilización del método exec sobre el mismo ejercicio desarrollado anteriormente. En lugar de retornar los valores true y false se obtendrá el valor *color* que es el patrón que se ha buscado (retorna la primera aparición) y en el segundo caso en lugar de retornar el valor false se retorna null. Se puede pensar que es exactamente igual que el método test, puesto que la primera aparición será una cadena de caracteres la cual es una expresión lógica que retornará true al realizar la comprobación lógica en una estructura de control, pero realmente no tiene el mismo funcionamiento, y se recomienda utilizar el método `test` para realizar consultas sobre patrones que encajan en cadenas de caracteres.

```html
<!DOCTYPE html>
<html>
<head>
    <meta charset="utf-8"></meta>
    <title>Ejemplo</title>
</head>
<body>
    <p id="elemento">El caballo Blanco de Santiago es de color
blanco.</p>
    <p id="resultado1"></p>
    <button id="boton">¡Comprueba!</button>
    <script>
        function click() {
            const str = document.getElementById('elemento').
innerHTML;
            const patt = /color/g;
            const result = patt.exec(str);
            const patt2 = /azul/g;
            const result2 = patt2.exec(str);
            document.getElementById("resultado1").innerHTML =
result + "<br>" + result2;
        }
document.getElementById('boton').addEventListener('click',click,false);
    </script>
</body>
</html>
```

Ejemplo 1.8. Utilización del método *exec*.

Finalmente, en el Ejemplo 1.9 se ilustra la utilización del método `toString` el cual permite retornar el valor del objeto `RegExp` como una cadena de caracteres. En el ejemplo se retorna la cadena */color/g* la cual es la expresión que se ha generado en el patrón. Este método tiene sentido si los patrones son generados dinámicamente y se quiere mostrar qué patrón se ha generado.

```html
<!DOCTYPE html>
<html>
<head>
    <meta charset="utf-8"></meta>
```

```
  <title>Ejemplo</title>
</head>
<body>
  <p id="elemento">El caballo Blanco de Santiago es de color
blanco.</p>
  <p id="resultado1"></p>
  <button id="boton">¡Dame expresión!</button>
</body>
<script>
  function click() {
    const str = document.getElementById('elemento').innerHTML;
    const patt = /color/g;
    const result = patt.toString(str);
    document.getElementById("resultado1").innerHTML = result;
  }
  document.getElementById('boton').addEventListener('click', click);
</script>
</html>
```

Ejemplo 1.9. Utilización del método *tostring*.

Funciones de validación

Para construir las funciones de validación, utilizaremos la función test con un patrón específico. Esta combinación nos permite determinar si una cadena de caracteres cumple con las condiciones establecidas para cada función. Por favor, consulte la Tabla 1.1 donde se detallan las funciones que desarrollaremos a continuación.

testObligatorio

Esta función asegura que el usuario ingrese al menos un carácter. Si el usuario no introduce caracteres, la función test no se superará. El Ejemplo 1.10 muestra el código de la función testObligatorio, la cual se apoya en la función auxiliar llamada testMinMax.

La función testMinMax (Ejemplo 1.11) verifica si una cadena de caracteres se ajusta a un patrón que acepta cualquier carácter, ya sean números, letras o símbolos especiales. Sin embargo, se establecen límites en la longitud de la cadena, determinados por los parámetros min y max. Estos parámetros son opcionales y, si no se definen, se utilizarán valores predeterminados: 0 para el mínimo e infinito (representado por una cadena vacía) para el máximo. Si min y max no se proporcionan como argumentos, se les asignarán automáticamente estos valores predeterminados.

El siguiente paso es determinar la expresión regular que se va a utilizar. En este primer test, no se discrimina por tipo de carácter; se aceptan todos, excepto los saltos de línea y terminadores. Esto se logra utilizando el metacarácter punto . junto con los modificadores de cantidad, expresados con llaves {}. La expresión regular que se va a construir en el tiempo de ejecución se muestra en el Ejemplo 1.12. Es importante observar que se han utilizado los metacaracteres ^ y $ para señalar que la cadena debe empezar y terminar con el patrón especificado. Aunque en este caso podrían ser omitidos, es una buena práctica incluirlos para especificar con precisión lo que se desea y limitar las ambigüedades. Además, no es posible insertar directamente las variables `min` y `max` en la expresión regular, por lo que se construye como una cadena de caracteres. Esta cadena luego es utilizada para construir el objeto `RegExp`. La principal dificultad aquí radica en construir este patrón dinámicamente como una cadena de caracteres.

```
function testObligatorio(campo) {
    return testMinMax(campo, 1);
}
```

Ejemplo 1.10. Función testObligatorio.

```
function testMinMax(campo, min = 0, max = "") {
    const valor = campo.value;
    const expresion = `^.{$ {min},${max}}$`;
    const rExp = new RegExp(expresion);
    return rExp.test(valor);
}
```

Ejemplo 1.11. Función testMinMax.

```
^.{min,max}$
```

Ejemplo 1.12. Expresión regular para la función testMinMax.

testTexto

Esta función tiene como objetivo validar si un elemento del formulario contiene exclusivamente texto y si la longitud del mismo se encuentra dentro de los límites establecidos por `min` y `max`. Abordaremos la creación de esta función partiendo de la expresión regular. En el Ejemplo 1.13, se muestra la expresión regular correspondiente a la función `testTexto`. Aunque esta expresión es similar a la anterior, en este caso se define un rango de caracteres que incluye desde a-z hasta A-Z para abarcar el alfabeto básico. Además, se añade el espacio en blanco mediante el carácter especial \s. Es importante destacar que, al usar expresiones regulares construidas con cadenas de caracteres, los caracteres especiales deben ir precedidos de una doble barra invertida, como en \\s, ya que una única barra invertida ya actúa como carácter de escape en las cadenas de caracteres. Asimismo, hemos añadido rangos de caracteres que incluyen letras con tildes, tanto del español como de otros idiomas, limitando así el alfabeto a solo el texto deseado. De manera sencilla, el lector puede adaptar el alfabeto según sus necesidades, ya sea expandiendo el conjunto de caracteres o reduciéndolo. Incluso es posible diseñar la función de manera más sofisticada, permitiendo que el conjunto de caracteres sea un parámetro de la misma, aunque esta implementación no se abordará en esta ocasión.

```
^[a-zA-Z\sá-úÁ-Ú'à-ùÀ-Ùä-üÄ-Ü]{min,max}$
```

Ejemplo 1.13. Expresión regular para la función testTexto.

La función `testTexto` se muestra en el Ejemplo 1.14 la cual tiene la misma estructura que la función `testMinMax` en la que en lugar de utilizar cualquier carácter se han acotado los caracteres para que solamente sean letras.

```
function testTexto(campo, min = 0, max = "") {
    const valor = campo.value;
    const expresion = `^[a-zA-Z\\sá-úÁ-Ú›à-ùÀ-Ùä-üÄ-Ü]
{${min},${max}}$`;
    const rExp = new RegExp(expresion);
    return rExp.test(valor);
}
```

Ejemplo 1.14. Función testTexto.

testEmail

La validación de una dirección de correo electrónico busca asegurar que el texto ingresado por el usuario cumpla con las siguientes secciones:

- **Nombre usuario**: compuesto por letras, guiones (-) y puntos (.). Debe tener una longitud mínima de tres caracteres. Se ha establecido un mínimo de tres caracteres por razones particulares, pero este criterio es ajustable según la necesidad.

- **@**: es obligatoria la inclusión de una arroba entre el nombre de usuario y el nombre de proveedor.

- **Proveedor**: es la entidad o servicio que suministra el correo al usuario. Su formato incluye letras, guiones (-) y puntos (.), con una longitud mínima de dos caracteres.

- **Dominio**: inicia con un punto (.) seguido por entre dos y cuatro caracteres que pueden ser letras o el guion (-).

La expresión regular que describe una dirección de correo válida, conforme a estas reglas, se presenta en el Ejemplo 1.15. Posteriormente, en el Ejemplo 1.16, se exhibe la implementación de la función `testEmail`. Es esencial recordar que en la expresión regular, se deben usar dobles barras invertidas (\\) cuando se desea representar símbolos específicos, como el guion (-) o el punto (.).

```
^[\w\-\.]{3,}@([\w\-\.]{2,})\.[\w\-]{2,4}$
```

Ejemplo 1.15. Expresión regular para la función testEmail.

```
function testEmail(campo) {
    const valor = campo.value;
    const expresion = /^[a-zA-Z0-9._-]{3,}@[a-zA-Z0-9.-]{2,}\.
[a-zA-Z]{2,4}$/;
    return expresion.test(valor);
}
```

Ejemplo 1.16. Función testEmail.

testCPNacional

La validación de un código postal varía según el país al que pertenezca. En España, los códigos postales constan de cinco cifras. Las dos primeras cifras aluden a la provincia en orden alfabético. Por lo tanto, los códigos van del 01 al 50 para representar las provincias. Las ciudades de Ceuta y Melilla tienen asignados los códigos 51 y 52, respectivamente. Además, existen códigos específicos para determinados usos:

- **070** para correspondencia oficial de Correos y Telégrafos.

- **071** para correspondencia de organismos oficiales.

- **080** para apartados y lista de correos.

La expresión que describe el apartado de correo nacional es la mostrada en Ejemplo 1.17. Por otro lado, la función testCPNacional (Ejemplo 1.18) sigue el mismo patrón que las anteriores, pero incorporando la nueva expresión regular.

```
^([0-5][0-2]\d{3}|(070|071|080)\d{2})$
```

Ejemplo 1.17. Expresión regular para la función testCPNacional.

```
function testCPNacional(campo) {
    const valor = campo.value;
    const expresion = /^([0-5][0-2]\d{3}|(070|071|080)\d{2})$/;
    return expresion.test(valor);
}
```

Ejemplo 1.18. Función testCPNacional.

testTelefonoFijoNacional

A continuación, describiremos las funciones asociadas a los números de teléfono. Dada la variedad y complejidad de los formatos de teléfono, es prudente abordarlos de manera gradual y detallada. En esta instancia, nos centraremos en el teléfono fijo nacional de España. Este se compone de las siguientes partes:

- **Prefijo:** los números fijos en España, a la fecha, pueden comenzar con un 9 o un 8.

- **Número:** el teléfono fijo nacional se completa con ocho dígitos consecutivos.

Dadas las condiciones anteriores, la expresión regular correspondiente se presenta en el Ejemplo 1.19. Es vital notar que se debe seleccionar un número del grupo que incluye los dígitos 8 y 9, asegurando que el prefijo sea uno de estos dos. Luego, se espera que sigan exactamente ocho dígitos. Para ello, empleamos el metacarácter \d junto con el modificador de llaves {}, que define la cantidad exacta de repeticiones para la expresión previa. En el Ejemplo 1.20, se muestra la implementación de esta función en JavaScript, siguiendo el patrón ya establecido en funciones anteriores.

```
^[89]\d{8}$
```

Ejemplo 1.19. Expresión regular para la función testTelefonoFijoNacional.

```
function testTelefonoFijoNacional(campo) {
   const valor = campo.value;
   const expresion = /^[89]\d{8}$/;
   return expresion.test(valor);
}
```

Ejemplo 1.20. Función testTelefonoFijoNacional.

testTelefonoFijo

Esta función es más compleja que la anterior, ya que ahora se considerarán teléfonos tanto nacionales como internacionales. Esta inclusión añade una complejidad considerable, dependiendo de los países que se deseen validar. Para simplificar el problema, consideraremos las siguientes condiciones:

- Todo teléfono puede tener prefijo nacional o internacional.

- El prefijo nacional puede ser 8 o 9.

- El prefijo internacional tiene dos posibilidades:

  — El número puede empezar por 00 y a continuación el prefijo nacional.

  — El número puede empezar por el símbolo + y a continuación dos o tres números.

Las condiciones anteriores están especificadas en la expresión regular del Ejemplo 1.21. Es importante notar el uso del operador "?" para decidir entre el carácter "+" seguido de dos o tres dígitos, o simplemente tener dos ceros seguidos de dos dígitos. Es decir, una de las opciones del prefijo internacional, que puede aparecer una vez o no aparecer en absoluto. Después, se especifica la expresión regular que corresponde al teléfono fijo nacional. Es crucial entender que este formato solo sería válido para España, ya que en otros países no es obligatorio que los números fijos comiencen con 8 o 9. Sin embargo, este es solo un ejemplo destinado a ilustrar el uso de las expresiones regulares.

```
(\+\d{2,3}|00\d{2})?[89]\d{8}$
```

Ejemplo 1.21. Expresión regular para la función testTelefonoFijo.

En el Ejemplo 1.22 se muestra la implementación de esta función la cual continúa con el mismo esquema que se ha empleado en las anteriores funciones.

```
function testTelefonoFijo(campo) {
  const valor = campo.value;
  const expresion = /^(?:\+\d{2,3}|00\d{2})?[89]\d{8}$/;
  return expresion.test(valor);
}
```

Ejemplo 1.22. Función testTelefonoFijo.

testTelefonoMovilNacional

La validación de un teléfono móvil nacional tiene como objetivo confirmar números que empiecen con los dígitos 6 o 7. La expresión regular que realiza esta validación es tan directa como la empleada para el teléfono fijo nacional. La expresión correspondiente a estas condiciones se presenta en el Ejemplo 1.23. En cuanto al código de la función testTelefonoMovilNacional, este se encuentra detallado en el Ejemplo 1.24.

```
^[67]\d{8}$
```

Ejemplo 1.23. Expresión regular para la función testTelefonoMovilNacional.

```
function testTelefonoMovilNacional(campo) {
  const valor = campo.value;
  const expresion = /^[67]\d{8}$/;
  return expresion.test(valor);
}
```

Ejemplo 1.24. Función testTelefonoMovilNacional.

testTelefonoMovil

La función se ha diseñado siguiendo la misma estructura que la empleada para validar el teléfono fijo. Si bien las condiciones son esencialmente las mismas, en este contexto se aplican a la validación de un teléfono móvil:

- Todo teléfono puede tener prefijo nacional o internacional.
- El prefijo nacional puede ser 6 o 7.
- El prefijo internacional tiene dos posibilidades:
  - El número puede empezar por 00 y a continuación el prefijo nacional.
  - El número puede empezar por el símbolo + y a continuación dos o tres números.

En el Ejemplo 1.25 y el Ejemplo 1.26 se muestran la expresión regular y la función asociada para el teléfono móvil.

```
^\+\d{2,3}|00\d{2})?[67]\d{8}$
```

Ejemplo 1.25. Expresión regular para la función testTelefonoMovil.

```
function testTelefonoMovil(campo) {
    const valor = campo.value;
    const expresion = "^(\\+\\d{2,3}|00\\d{2})?[67]\\d{8}$";
    const rExp = new RegExp(expresion);
    return rExp.test(valor);
}
```

Ejemplo 1.26. Función testTelefonoMovil.

testTelefono

La función final relacionada con los teléfonos que abordaremos en este libro es una función integral que combina todas las anteriores. Esta verifica si el número ingresado es un teléfono fijo o móvil y determina si es nacional o internacional. Aunque la expresión regular para esta función (Ejemplo 1.27) es similar a las previamente discutidas, se basa en las mismas para su construcción. Notablemente, se expande el rango de prefijos permitidos para los teléfonos nacionales, aceptando cualquier dígito desde el 6 hasta el 9. La implementación de esta función, junto con la expresión regular correspondiente, se presenta en el Ejemplo 1.28.

```
^(\+\d{2,3}|00\d{2})?[6789]\d{8}$
```

Ejemplo 1.27. Expresión regular para la función testTelefono.

```
function testTelefono(campo) {
    const valor = campo.value;
    const expresion = /^(?:\+\d{2,3}|00\d{2})?[6789]\d{8}$/;
    return expresion.test(valor);
}
```

Ejemplo 1.28. Función testTelefono.

testURL

La validación de URL puede ser bastante compleja, puesto que se puede querer validar algunos protocolos y desechar otros o incluso limitar los subdominios que se desean validar. En este caso se limitarán las URL a validar para que el lector pueda comprender la validación general de URL en el desarrollo de expresiones regulares. Las condiciones que se van a imponer en la función de validación son las siguientes:

- **Protocolo**. Se incorporará el protocolo *http* y *https* seguido de dos puntos y dos barras invertidas \\.

- **World Wide Web**. Se incorporará www en minúsculas pudiendo ser optativo que aparezca o no. En caso de aparecer, deberá aparecer con un punto de modo que sea **www.**

- **Dominio**. El dominio será cualquier carácter del alfabeto y números incorporándose caracteres como guion (-), arroba (@), porcentaje (%), guion bajo (_), guion (-), +, almohadilla (#), igualdad (=). El nombre del dominio estará comprendido entre dos (2) y doscientos cincuenta y seis (256) caracteres. A continuación vendrá el dominio el cual estará compuesto por un punto (.) y letras en minúsculas (de dos a seis caracteres).

Las condiciones que se plantean son bastante restrictivas y la expresión regular que se asocia con estas es la mostrada en el Ejemplo 1.29. En dicha expresión se comienza indicando el protocolo a utilizar, el cual será *http* o *https*, es decir, la *s* final podrá aparecer una o ninguna vez, por ello aparece con el operador ?. A continuación vendrán los dos puntos y dos barras invertidas. World Wide Web (**www.**) podrá aparecer una o ninguna vez, por la misma regla aparecerá con el operador ?. A continuación tendremos caracteres en minúsculas, mayúsculas, números y algunos símbolos especiales con una longitud comprendida entre dos (2) y doscientos cincuenta y seis (256) caracteres, para ello se hará uso del operador llaves {}. El siguiente carácter será el punto; como el punto es un carácter especial, se debe escapar utilizando la barra invertida (\). La expresión finaliza con el dominio, el cual estará compuesto por caracteres en minúsculas de la a (a minúscula) a la z (z minúscula) entre dos (2) y seis (6) veces. En el Ejemplo 1.30 se muestra la implementación de esta función, la cual puede parecer más compleja de lo que realmente es.

```
^https?:\/\/(www\.)?[-a-zA-Z0-9@:\.%_\+~#=]{2,256}\.[a-z]{2,6}$
```

Ejemplo 1.29. Expresión regular de la función testURL.

```
function testURL(campo) {
   const valor = campo.value;
   const expresion = /^https?:\/\/(www\.)?[-a-zA-Z0-9@:%._\+~#=]
{2,256}\.[a-z]{2,6}$/;
   return expresion.test(valor);
}
```

Ejemplo 1.30. Función testURL.

testColor

Los colores en hexadecimal son ampliamente utilizados en el desarrollo de aplicaciones web. Los colores pueden ser definidos de dos modos diferentes:

- Hexadecimal con seis caracteres. Esta es la notación clásica de los colores en los que cada dos caracteres en hexadecimal representan a un color.

- Hexadecimal de tres caracteres. Esta notación es utilizada cuando el par de caracteres asociados al mismo color es el mismo y se simplifica poniendo un solo carácter.

La expresión regular asociada a las condiciones anteriores es la mostrada en el Ejemplo 1.31. Observe que las letras asociadas al código hexadecimal se han especificado en mayúsculas y minúsculas para que pueda ser más versátil la expresión regular asociada y que se debe comenzar siempre por el símbolo # el cual no necesita ser escapado debido a que no es ningún metacarácter. La función generada para la validación de la expresión anterior es mostrada en el Ejemplo 1.32.

```
^#([A-Fa-f0-9]{6}|[A-Fa-f0-9]{3})$
```

Ejemplo 1.31. Expresión regular de la función testColor.

```
function testColor(campo) {
   const valor = campo.value;
   const expresion = /^#([A-Fa-f0-9]{6}|[A-Fa-f0-9]{3})$/;
   return expresion.test(valor);
}
```

Ejemplo 1.32. Función testColor.

testFecha

La validación de fechas ha sido un desafío persistente en el desarrollo de aplicaciones informáticas desde los inicios de la programación. Una de las principales dificultades que enfrentan los desarrolladores es la variedad de formatos de fechas, que pueden cambiar según el país o la codificación empleada. Para la función de validación que abordaremos inicialmente, tomaremos en cuenta las siguientes condiciones:

- El formato será dd/mm/aaaa. Es decir, se utilizarán dos dígitos para el día, dos dígitos para los meses y cuatro dígitos para el año. Así, una fecha válida sería, por ejemplo, 02/12/1983.

- Los días serán números comprendidos entre 01-31.

- Los meses serán números comprendidos entre 01-12.

- Los años serán números comprendidos entre 0000-9999.

```
^(0[1-9]|[1-2]\d|3[0-1])\/(0[1-9]|1[0-2])\/\d{4}$
```

Ejemplo 1.33. Expresión regular para fechas (I).

En el Ejemplo 1.33, la expresión regular propuesta ofrece una primera aproximación para validar fechas. Esta solución segmenta los posibles casos utilizando el operador lógico OR (|).

Para los **días**:

1. Si el día comienza con un 0, su segundo dígito no puede ser otro 0. Así, los valores posibles para el segundo dígito oscilan entre 1 y 9.

2. Si el primer dígito del día es 1 o 2, comprenden los días entre 10 y 29, válidos para todos los meses.

3. Para días que inician con un 3, solo los valores 30 y 31 son posibles.

Para los **meses**:

1. Si el mes comienza con un 0, los valores posibles para el segundo dígito van del 1 al 9, para evitar el mes "00".

2. Si el mes comienza con un 1, su segundo dígito puede ser 0, 1, o 2.

Para el **año**, se ha optado por una validación sencilla, admitiendo cualquier combinación de 4 dígitos, incluso el año 0000, que se considera válido.

Sin embargo, al usar esta aproximación, se observa que ciertas fechas no existentes (como el 29 de febrero en años no bisiestos o el 30 de abril) se considerarán válidas. Esto se debe a que no se ha diferenciado el número de días que tiene cada mes. Para abordar esto, es necesario elaborar casos específicos, similar a lo que se ha descrito anteriormente.

```
^(((0[1-9]|1\d|2[0-8])\/(0[1-9]|1[0-2]))|((31\/(0[13578]|1[02]))|((29|30)\/
(0[1,3-9]|1[0-2]))))\/\d{4}$
```

Ejemplo 1.34. Expresión regular para fechas (II).

La expresión regular del Ejemplo 1.34 está compuesta por varias expresiones unidas por el operador OR (|). Estas expresiones son descritas a continuación para su comprensión.

1. **Días del 01 al 28 para todos los meses:** ((0[1-9]|1\d|2[0-8])\/(0[1-9]|1[0-2])). Este fragmento cubre los días del 01 al 28 (0[1-9]|1\d|2[0-8]). Ya que todos los meses tienen al menos 28 días, estos días son válidos para cualquier mes, como lo indica la segunda parte del fragmento (0[1-9]|1[0-2]), que abarca todos los meses excepto el inexistente "00".

2. **Día 31 para meses específicos:** ((31\/(0[13578]|1[02])). Esta subexpresión especifica los meses que tienen un día 31. Así, solo se permite el día 31 seguido de los meses que efectivamente tienen 31 días.

3. **Días 29 y 30 para meses específicos:** ((29|30)\/(0[1,3-9]|1[0-2])). Similar al fragmento anterior, esta parte delimita los meses que tienen días 29 y 30.

4. **Año:** \d{4}. Esta porción se refiere al año, el cual consiste en cuatro dígitos y es común a todas las fechas.

Aunque esta expresión regular puede parecer intrincada a primera vista, su estructura se aclara al desglosarla en segmentos, sobre todo si se ha seguido la explicación desde el principio. Sin embargo, todavía falta considerar los años bisiestos, en los que el 29 de febrero es válido. Este aspecto requiere una consideración especial, de la misma manera que abordamos los meses con 30 o 31 días. La expresión regular que cubre el 29 de febrero en años bisiestos se detalla en el Ejemplo 1.35.

```
^(29(\/)02)(\/)((0[48]00|[13579][26]00|[2468]
[048]00)|(\d{2})?(0[48]|[2468][048]|[13579][26]))$
```

Ejemplo 1.35. Expresión regular para el 29 de febrero.

Nótese que la expresión regular anterior especifica claramente el día (29) y el mes (02), y lo que define son las combinaciones de años bisiestos posibles. Es importante añadir este fragmento como un caso especial a la expresión regular que hemos desarrollado a lo largo de esta sección.

La versión final de la expresión regular está detallada en el Ejemplo 1.36, mientras que su implementación como función se encuentra en el Ejemplo 1.37. Estas expresiones y funciones representan la culminación de todos los conceptos discutidos en esta sección, y, ciertamente, pueden ser difíciles de entender sin seguir el proceso evolutivo de su construcción paso a paso.

```
(^(((0[1-9]|1\d|2[0-8])\/(0[1-9]|1[0-2]))|((31\/(0[13578]|1[02]))|((29|30)\/
(0[1,3-9]|1[0-2]))))\/\d{4}$)|(^(29(\/)02)(\/)((0[48]00|[13579]
[26]00|[2468][048]00)|(\d{2})?(0[48]|[2468][048]|[13579][26]))$)
```

Ejemplo 1.36. Expresión regular de la función testFecha.

```javascript
function testFecha(campo){
    const valor = campo.value;
    const expresion = "(^(((0[1-9]|1\\d|2[0-8])\/(0[1-
9]|1[0-2]))|((31\/(0[13578]|1[02]))|((29|30)\/(0[13-9]|1[0-
2]))))\/\\d{4}$)|(^(29(\/)02)(\/)((0[48]00|[13579][26]00|[2468]
[048]00)|(\d{2})?(0[48]|[2468][048]|[13579][26]))$)";
    const rExp = new RegExp(expresion);
    return rExp.test(valor);
}
```

Ejemplo 1.37. Función testFecha.

Una alternativa a validar fechas se construye utilizando el objeto nativo `Date` de JavaScript en lugar de validarlo a través de una expresión regular. En concreto, se puede aprovechar el comportamiento del constructor de este objeto. Si proporcionamos una fecha no válida, el objeto `Date` la interpretará de manera diferente y podemos utilizarlo para validar la fecha. A continuación, mostramos una función que valida una fecha en el formato **dd/mm/yyyy**.

```javascript
function testFecha2(campo) {
    const valor = campo.value;

    // Descomponemos la fecha
    const partes = valor.split('/');
    if (partes.length !== 3) {
```

```
        return false;
    }

    // Día, mes y año
    const dia = parseInt(partes[0], 10);
    const mes = parseInt(partes[1], 10) - 1; // Los meses
empiezan en 0
    const ano = parseInt(partes[2], 10);

    // Creamos el objeto Date
    const fecha = new Date(ano, mes, dia);

    // Verificamos que no haya cambios en día, mes o año
    if (fecha.getDate() !== dia || fecha.getMonth() !== mes ||
fecha.getFullYear() !== ano) {
        return false;
    }

    return true;
}
```

Ejemplo 1.38. Función testFecha2.

Además, es importante que el lector sepa que hoy en día se utilizan muchas bibliotecas externas para la validación de fechas como podría ser la biblioteca date-fns (https://date-fns.org/).

testLista

La función testLista no requiere de una expresión regular, puesto que su validación consiste en comprobar si el elemento select sobre el que se aplica no tiene ninguna opción seleccionada. No es necesario comprobar rangos, ya que el propio DOM nos suministra el valor del índice sin necesidad de recorrerlo ni hacer ninguna otra operación. En el Ejemplo 1.39 se muestra la función testLista. La propiedad selectedIndex es la que almacena el índice del elemento (select) que ha sido seleccionado. Si el valor de selectedIndex es diferente de -1, significa que hay una opción seleccionada. En caso contrario, retorna -1, indicando que no se ha seleccionado ninguna opción de la lista.

```
function testLista(select){
    return select.selectedIndex;
}
```

Ejemplo 1.39. Función testLista.

testCasilla

La función `testCasilla` se utiliza para determinar cuántos *checkboxes* están marcados dentro de un rango específico. A esta función se le debe proporcionar el elemento HTML que contiene los *checkboxes* (denominado `casillas`), así como los valores mínimo (`min`) y máximo (`max`) de *checkboxes* que deben estar seleccionados.

En el Ejemplo 1.39, podemos ver la implementación de esta función. Note que, a partir del elemento `casillas` (que es el contenedor de los *checkboxes*), se usa el método `querySelectorAll` del DOM para identificar todos los *checkboxes* marcados. Esta función utiliza un selector específico para identificar los *inputs* de tipo *checkbox* que están en estado `checked`. Una vez obtenidos estos elementos, lo que resta es verificar si la cantidad de *checkboxes* marcados se encuentra dentro de los límites definidos por `min` y `max`.

```
function testCasillas(casillas, min = 0, max = Number.POSITIVE_
INFINITY) {
   const seleccionados = casillas.querySelectorAll('input[type="
checkbox"]:checked');
   if (seleccionados.length >= min && seleccionados.length <= max) {
     return seleccionados;
   }
   return false;
}
```

Ejemplo 1.40. Función testCasillas.

testRadio

La función `testRadio` determina qué elemento de un conjunto de *radiobuttons* ha sido seleccionado. Para usarla, es necesario proporcionar el elemento HTML denominado `radio`. La implementación de esta función, mostrada en el Ejemplo 1.41, es similar a la de `testCasilla`. Sin embargo, `testRadio` es más sencilla debido a que no es necesario controlar las variables `min` y `max`. La mayor parte del trabajo es realizado por el método `querySelectorAll`, ya que su principal tarea es comprobar si algún *radiobutton* ha sido seleccionado. Si no hay ninguno seleccionado, la función retorna `false`. En caso contrario, retorna el elemento seleccionado.

```
function testRadio(radio){
    const seleccionado = radio.querySelector('input[type="radio"]
:checked');
    return seleccionado ? seleccionado : false;
}
```

Ejemplo 1.41. Función testRadio.

1.1.7. Ejecución del código de validación

La ejecución del código de validación es una de las principales etapas en el desarrollo de *software* puesto que se permite realizar trazas de ejecución para comprobar la validez del *software*. No obstante, las técnicas de testeo y validación de código JavaScript están bastante más avanzadas hoy en día y existen herramientas que facilitan la creación de pruebas unitarias y de integración. En el Capítulo 3 de este libro se presentan diferentes herramientas de depuración y verificación de los códigos generados en HTML, CSS y JavaScript.

En la siguiente sección se presentan fragmentos de código de JavaScript implementados para que su ejecución sea tan sencilla como abrir el navegador web de un fichero `index.html`.

1.2. Verificar formularios

Los formularios son elementos fundamentales en una página web, puesto que son el nexo de comunicación entre los usuarios y los administradores del sitio. Incluso, aunque no parezcan formularios por su estética (foros, chats, etc.), están presentes en prácticamente todas las páginas web. Los principales usos de los formularios son para consultar o mostrar información, crear pedidos de ventas, realizar encuestas, etc.

La información que los usuarios quieren enviar al servidor web a través de los formularios debe ser validada tanto en el lado del cliente como en el lado del servidor. La validación consiste en comprobar que los datos que han sido introducidos están en el formato correcto y que se envía toda la información requerida.

La validación del **lado del cliente** permite guiar a los usuarios bien intencionados en el uso de la aplicación web, es decir, usuarios que cometieron errores o descuidos completando la información del formulario. El sistema les retornará un mensaje indicándoles sus errores para que puedan subsanarlos. Además, la carga de trabajo del servidor, recurso central de todos los usuarios, se verá disminuida, ya que hasta que el usuario no envíe los datos correctamente el servidor no tendrá que trabajar innecesariamente. Otra virtud de la validación del lado de cliente es que es inmediata, puesto que no hay que enviar ningún dato al servidor y esperar la respuesta de este, sino que la validación se realiza en el mismo navegador (en el lado del servidor, como bien indica su nombre).

Por otro lado, debe tenerse en cuenta que el lado del cliente es solamente para usuarios bien intencionados y no puede descuidarse la validación del lado del servidor por las siguientes características de la validación del lado del cliente.

- El navegador web puede tener desactivado JavaScript y, por tanto, todos los códigos de validación del lado del cliente no son realizados.

- Cualquier usuario con conocimientos de JavaScript y HTML puede eliminar las validaciones y realizar las llamadas al servidor sin necesidad de tener unos conocimientos avanzados.

Las dos características anteriores son inevitables y son inherentes a la programación del lado del cliente. Es por ello por lo que se deben siempre realizar validaciones del lado del servidor.

En el **lado del servidor** se desarrollarán las validaciones en el lenguaje de la plataforma en la que se esté desarrollando la aplicación. El más extendido hoy en día es el desarrollo de aplicaciones utilizando PHP, C#, JAVA y ASP.NET.

El lado del servidor recibirá los datos desde el cliente y tendrá que ejecutar funciones de validación que serán en muchos casos las mismas que se hacían en el lado del cliente y sumadas las de seguridad sobre la base de datos. Las validaciones más usuales son:

- Fechas y números en formato adecuado. En el lado del cliente se puede estar mostrando la fecha en un formato, pero tener almacenado en la base de datos la información con otro formato. Esto conlleva a que se deba validar el formato y a veces migrar de un formato a otro.

- Listas desplegables, casillas y botones de radio deben enviar identificadores válidos para el sistema (normalmente para la base de datos).

- Los elementos obligatorios deben contener algún valor inicial.

- Realizar validaciones de *emails,* direcciones URL y colores si se solicitan.

- La longitud de los campos es un elemento muy importante y puede provocar graves problemas si no se limita; según como esté controlado dicho error, puede repercutir en un fallo de seguridad en el sistema.

La importancia de validar los datos enviados a través de un formulario se puede resumir en las siguientes:

- **Evitar errores involuntarios.** Los errores involuntarios son aquellos que el usuario comete sin ninguna malicia. Por ejemplo, introduce fechas en formato incorrecto, escribe caracteres no válidos para campos de entrada u olvida rellenar campos obligatorios. En este caso, se debe enviar un mensaje informando del error cometido y permitiéndole resolverlo sin necesidad de tener que volver a comenzar el proceso.

- **Evitar comportamientos maliciosos.** Un usuario con conocimientos puede manualmente modificar el código JavaScript desde el lado del cliente para poder enviar datos al servidor de manera que se pueda obtener un beneficio por su parte. Este punto puede ser más grave cuando se automatiza el proceso y son otros sistemas informáticos los que atacan nuestra web para extraer información o simplemente volver corruptos nuestros datos. En este caso, la validación de lado del servidor es vital, puesto que detiene el ataque sobre nuestro sistema, principalmente sobre los datos de nuestro sistema.

1.2.1. Identificación de datos

La identificación de los datos depende principalmente del problema que se desea resolver. No es lo mismo la identificación de datos de una encuesta de satisfacción anónima que la ficha de un usuario que alquila un coche por internet y se requiere almacenar los datos del usuario. No obstante, en este apartado se va a confeccionar un formulario complejo que pueda servir de base para futuros proyectos. Los requisitos de los datos que se van a recoger a través del formulario son los siguientes:

- **Nombre de usuario.** Es un campo obligatorio que deberá tener entre tres y cien caracteres.

- *Email.* El correo electrónico que se validará será uno genérico. Es decir, no se pedirá un correo corporativo en el que el dominio sea **empresa.com**.

- **Fecha de nacimiento.** La fecha de nacimiento estará en el formato dd/mm/aaaa y se deberán tener en cuenta los meses del año que tienen 30 y 31 días. Así como, los días 29 de febrero que existen en los años bisiestos.

- **Teléfono fijo.** Se introducirá un teléfono fijo nacional o internacional.

- **Teléfono móvil.** Se introducirá un teléfono móvil nacional o internacional.

- **Código postal**. El código postal se utilizará solamente el de España, que consiste en cinco cifras numéricas. El formato es el siguiente:

  1. Las dos primeras cifras pueden ser números comprendidos entre 01-52 y las tres restantes cifras, cualquier número.

  2. Las tres primeras cifras pertenecen a un caso especial que son 070, 071 y 080. Las dos restantes cifras pueden ser cualquier número.

- **Elección de marca de coche**. Existirá una lista desplegable que permita escoger entre las marcas de coches en alquiler. Por ejemplo, BMW, Audi, Volkswagen, etc. Se debe seleccionar una opción como mínimo.

- **Elección de extras**. Se mostrará un conjunto de casillas de extras que podrán ser seleccionadas. A modo de ejemplo se exigirá que se seleccione un extra y como máximo tres extras.

Antes de abordar el código de verificación como tal, se debe construir el HTML y CSS necesario para poder enviar y recibir los datos de verificación. Inicialmente se dispondrá de los siguientes ficheros:

- **index.html**. Estructura del documento donde se especifican los elementos HTML sobre los que se tomarán y enviarán los datos del formulario.

- **estilo.css**. Los estilos básicos que se aplicarán para dar formato a la página y poder visualizar los mensajes de error o éxito.

- **viewFormulario.js**. Fichero JavaScript encargado de manipular el DOM de la página web. Este fichero es el encargado de inicializar las expresiones regulares y modificar dinámicamente los mensajes que se muestran al usuario.

En el Ejemplo 1.42 se muestra la página HTML sobre la que se construye todo el problema. Observe que se han enlazado los ficheros *estilo.css* y el fichero *viewFormulario.js*. El primero de ellos está enlazado en la cabecera, puesto que se quiere cargar antes que cualquier otra estructura para tener los estilos preparados. El fichero *viewFormulario.js* se encuentra en la parte inferior del código sin que haya perjuicio para el rendimiento. De hecho, se puede observar que hay otro fichero denominado *regExp.js,* el cual contiene las funciones de validación.

En el código HTML se ha confeccionado un formulario en el que en el lado derecho de la pantalla se rellenan los datos, y los mensajes de validación aparecerán a la izquierda según se cumplan las condiciones. En la Figura 1.2 se muestra una imagen de la interfaz de la aplicación, la cual se consigue gracias a la hoja de estilo que se muestra en el Ejemplo 1.43.

```html
<!DOCTYPE html>
<html>
  <head>
    <title>Validación Formulario</title>
    <meta charset="UTF-8" />
    <link rel="stylesheet" href="estilo.css" />
  </head>
  <body>
    <div id="divFormulario">
      <form>
        <fieldset>
          <legend>Formulario de validación (RegExp)</legend>

          <div id="divNombre">
            <label for="txtNombre">Nombre:</label><br />
            <input type="text" id="txtNombre" name="nombre"/>
          </div>

          <div id="divTlfF">
            <label for="txtTelefonoFijo">Teléfono Fijo:</label><br />
            <input type="tel" id="txtTelefonoFijo"
name="telefonoFijo"/>
          </div>

          <div id="divTlfM">
            <label for="txtTelefonoMovil">Teléfono Móvil:</label><br
/>
            <input type="tel" id="txtTelefonoMovil"
name="telefonoMovil"/>
          </div>

          <div id="divCP">
            <label for="txtCP">CP:</label><br />
            <input type="text" id="txtCP" name="cp"/>
          </div>

          <div id="divFNac">
            <label for="txtFNac">Fecha de nacimiento:</label><br />
            <input type="text" id="txtFNac" name="fnacimiento"/>
          </div>

          <div id="divEmail">
            <label for="txtEmail">Email:</label><br />
            <input type="email" id="txtEmail" name="email" required
/>
          </div>
```

```
    <div id="divSelCoche">
     <label for="selCoche">Tipo de coche:</label><br />
     <select id="selCoche" name="coche" required>
      <option value="">Selecciona...</option>
      <option value="Audi">Audi</option>
      <option value="BMW">BMW</option>
      <option value="Volkswagen">Volkswagen</option>
     </select>
    </div>

    <div id="divCasillas">
     <label><input type="checkbox" name="extra"
value="Extra1" />
       Extra1</label>
     <label><input type="checkbox" name="extra"
value="Extra2" />
       Extra2</label>
     <label><input type="checkbox" name="extra"
value="Extra3" />
       Extra3</label>
    </div>

    <input type="button" id="butValidar" value="Validar" />
   </fieldset>
  </form>
 </div>

 <div id="divValidar" class="validar">
  <div id="divValNombre">Nombre:</div>
  <div id="divValTlfF">Teléfono Fijo:</div>
  <div id="divValTlfM">Teléfono Móvil:</div>
  <div id="divValCP">CP:</div>
  <div id="divValFNac">Fecha Nacimiento:</div>
  <div id="divValEmail">Email:</div>
  <div id="divValSelCoche">Tipo de coche:</div>
  <div id="divValCExtra">Extras de coche:</div>
 </div>

 <script src="regExp.js"></script>
 <script src="viewFormulario.js"></script>
</body>
</html>
```

Ejemplo 1.42. HTML del formulario a validar.

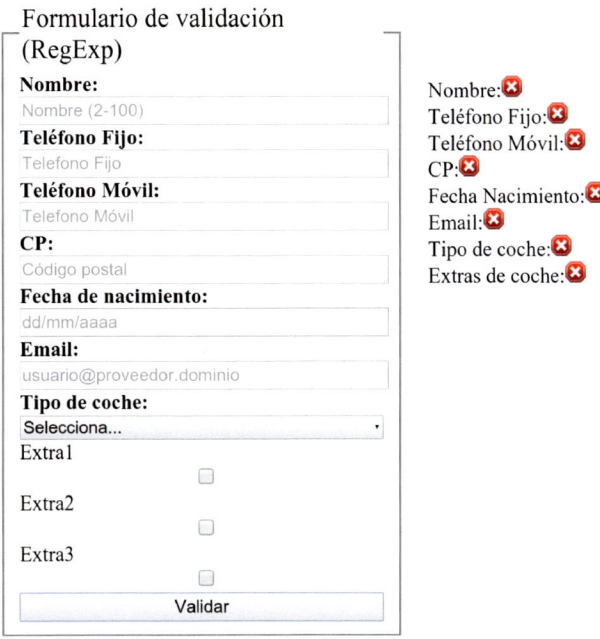

Figura 1.2. Formulario de validación con expresiones regulares.

```css
fieldset {
    box-sizing: border-box;
    width: 100%;
    max-width: 400px;
    margin: 0 auto;
    padding: 20px;
}

legend {
    font-size: 20px;
    color: #333;
    margin-bottom: 15px;
}

label {
    font-weight: bold;
    display: block;
    margin-bottom: 10px;
}

fieldset input, fieldset select {
    width: 100%;
    padding: 8px;
    margin-bottom: 15px;
```

```css
    border: 1px solid #ccc;
    border-radius: 4px;
}
img {
    width: 16px;
    height:16px;
}
.validar {
    box-sizing: border-box;
    width: 100%;
    max-width: 400px;
    margin: 20px auto;
    padding: 20px;
    border: 1px solid #ccc;
    border-radius: 4px;
}
```

Ejemplo 1.43. Hoja de estilos del formulario.

```javascript
document.addEventListener('DOMContentLoaded', () => {
    const butValidar = document.getElementById("butValidar");
    const txtNombre = document.getElementById('txtNombre');
    const txtTelefonoFijo = document.getElementById("txtTelefono
Fijo");
    const txtTelefonoMovil = document.getElementById("txtTelefon
oMovil");
    const txtCP = document.getElementById("txtCP");
    const txtFNac = document.getElementById("txtFNac");
    const txtEmail = document.getElementById("txtEmail");
    const selCoche = document.getElementById("selCoche");
    const casillasExtra = document.getElementById("divCasillas");
    const validar = document.getElementById("divValidar");

    const addValidationListener = function(element)  {
       const eventType = element.tagName === 'SELECT' || element.
type === 'CHECKBOX' ? 'change' : 'input';
       element.addEventListener(eventType, validaForm);
    };

    [txtNombre, txtTelefonoFijo, txtTelefonoMovil, txtCP,
txtFNac, txtEmail, selCoche, casillasExtra, butValidar].
forEach(addValidationListener);

    const renderFeedback = function (elementId, status) {
       const feedbackElement = document.createElement('span');
       feedbackElement.innerHTML = `<img src='${status ? 'ok.png'
: 'bad.png'}'>`;
```

```javascript
        document.getElementById(elementId.appendChild(feedbackElement);
    };

    const renderHelp = function () {
        validar.innerHTML = `
            <div id="divValNombre"> Nombre: </div>
            <div id="divValTlfF"> Teléfono Fijo: </div>
            <div id="divValTlfM"> Teléfono Móvil: </div>
            <div id="divValCP"> CP: </div>
            <div id="divValFNac"> Fecha Nacimiento: </div>
            <div id="divValEmail"> Email: </div>
            <div id="divValSelCoche"> Tipo de coche: </div>
            <div id="divValCExtra"> Extras de coche: </div>
        `;
    };

function validaForm() {
    renderHelp();

const validations = [
  { fn: testTexto, args: [txtNombre, 3, 100], id: 'divValNombre'
},
  {fn: testTelefonoFijo, args: [txtTelefonoFijo], id:
'divValTlfF' },
  {fn: testTelefonoMovil, args: [txtTelefonoMovil], id:
'divValTlfM' },
  { fn: testCPNacional, args: [txtCP], id: 'divValCP' },
  {fn: testEmail, args: [txtEmail], id: 'divValEmail' },
  {fn: testFecha, args: [txtFNac], id: 'divValFNac' },
  { fn: testLista, args: [selCoche], id: 'divValSelCoche' },
  {fn: testCasillas, args: [casillasExtra, 1, 3], id:
'divValCExtra' }
];

    validations.forEach(({ fn, args, id }) => {
        const isValid = fn(...args);
        renderFeedback(id, isValid);
    });
  }
});
```

Ejemplo 1.44. viewFormulario.js del formulario.

El último paso antes de aplicar las funciones de validación es el código relativo a la manipulación del DOM, el cual se muestra en el Ejemplo 1.44. El código anterior se activa cuando el contenido HTML está completamente cargado, excluyendo estilos e imágenes. Así se asegura que el JavaScript se ejecute solo después de que todo el HTML esté disponible. La función `addValidationListener` asocia los eventos a cada elemento del formulario para que con cada cambio que se produzca en el formulario se realice la validación de los elementos. Además de esto, se han construido las siguientes funciones auxiliares:

- **renderFeedback**. Recibido un elemento, repinta el elemento HTML en pantalla mostrando una imagen de color verde en señal de aprobación o de color rojo indicando desaprobación, en función del estatus del elemento.

- **renderHelp**. Limpia toda la parte de ayuda de la pantalla para que los valores anteriores a la actual validación no puedan ocasionar problemas.

- **validaForm**. Esta función realiza la comprobación de cada elemento del formulario de acuerdo con las funciones que se construyen para verificar cada uno de los campos.

1.2.2. Implementación del código de verificación

La implementación del código gracias a la división en ficheros y expresiones regulares es bastante simple, puesto que es aplicar las funciones que se han ido desarrollando a lo largo del capítulo. En el Ejemplo 1.45 se muestra el contenido del fichero *expReg.js*. Las funciones que se han implementado han sido las siguientes.

1. **testTexto(campo,min,max).** Permite comprobar el nombre del usuario con un mínimo y máximo.

2. **testEmail(campo).** Comprueba el correo electrónico del usuario.

3. **testCPNacional(campo).** Comprueba que el campo introducido es un código postal válido.

4. **testTelefonoFijo(campo).** Comprueba que el campo es un teléfono fijo tanto nacional como internacional.

5. **testTelefonoMovil(campo).** Comprueba que el campo es un teléfono móvil tanto nacional como internacional.

6. **testFecha(campo).** Comprueba que el campo es una fecha válida en formato dd/mm/aaaa.

7. **testLista(campo).** Comprueba que el campo es un elemento válido de la lista.

8. **testCasillas(campo,min,max)**. Comprueba que se han marcado entre *min* y *max* casillas de verificación del campo.

Tal y como está desarrollado el código es fácil extender las funcionalidades, si se desea crear una validación para campos relativos a colores en hexadecimal, solamente habría que tener la función `testColor` en el fichero expReg.js e invocarla desde `viewFormulario.js` sobre el elemento HTML del formulario que se desee comprobar. Por lo tanto, al margen de las funciones de validación, en este capítulo se ha presentado una estructura de documentos que separa la vista (pantallas de visualización) del controlador (lógica del programa). En este caso la vista sería el HTML, CSS y la manipulación del DOM (`viewFormulario.js`) mientras que la lógica del programa estaría en el fichero de expresiones regulares que se ha construido para tal fin.

```javascript
function testTexto(campo, min = 0, max = "") {
    const valor = campo.value;
    const expresion = "^[a-zA-Z\\sá-úÁ-Ú›à-ùÀ-Ùä-üÄ-Ü]{" + min +
"," + max + "}$";
    const rExp = new RegExp(expresion);
    return rExp.test(valor);
}

function testEmail(campo) {
    const valor = campo.value;
    const expresion = "^[\\w\\-\\.]{3,}@([\\w\\-\\.]{2,})\\.[\\w\\-]
{2,4}$";
    const rExp = new RegExp(expresion);
    return rExp.test(valor);
}

function testCPNacional(campo) {
    const valor = campo.value;
    const expresion = "^([0-5][0-2]\\d{3}|(070|071|080)\\d{2})$";
    const rExp = new RegExp(expresion);
    return rExp.test(valor);
}

function testTelefonoFijo(campo) {
    const valor = campo.value;
    const expresion = "^(\\+\\d{2,3}|00\\d{2})?[89]\\d{8}$";
    const rExp = new RegExp(expresion);
    return rExp.test(valor);
}

function testTelefonoMovil(campo) {
    const valor = campo.value;
    const expresion = "^(\\+\\d{2,3}|00\\d{2})?[67]\\d{8}$";
```

```javascript
    const rExp = new RegExp(expresion);
    return rExp.test(valor);
}

function testFecha(campo) {
    const valor = campo.value;
    const expresion = "(^(((0[1-9]|1\\d|2[0-8])\/(0[1-
9]|1[0-2]))|((31\/(0[13578]|1[02]))|((29|30)\/(0[1,3-9]|1[0-
2]))))\/\\d{4}$)|(^29\/02\/((0[48]00|[13579][26]00|[2468]
[048]00)|\\d{2}?(0[48]|[2468][048]|[13579][26]))$)";
    const rExp = new RegExp(expresion);
    return rExp.test(valor);
}

function testLista(select){
    return select.selectedIndex;
}

function testCasillas(casillas, min = 0, max = Number.POSITIVE_
INFINITY) {
    const seleccionados = casillas.querySelectorAll('input[type=
"checkbox"]:checked');
    if (seleccionados.length >= min && seleccionados.length <=
max) {
        return seleccionados;
    }
    return false;
}
```

Ejemplo 1.45. Fichero. regExp.js que permite generar una API de validación.

1.2.3. Comprobación de los datos introducidos por el usuario

La comprobación de los datos introducidos por el usuario puede realizarse en tiempo real, puesto que a cada elemento del formulario se le ha asociado un evento que se dispara cuando hay un cambio en los datos introducidos por el usuario. El manejador de eventos asociado a cada uno de estos eventos es la validación de todos los campos.

ACTIVIDADES

1.1. ¿Cuál o cuáles de las opciones concuerdan con las expresión regular?

    1.1.1. /a(ab)*a/

- ababababa
- aaba
- aabbaa
- aba
- aababababa

    1.1.2. /a+bc?/

- abc
- bc
- aabc
- abbc

    1.1.3. /a.[bc]?/

- abc
- abbbbbb
- azc
- abcbcbc
- ac
- asccbbcbcc

    1.1.4. /abc|xyz/

- abc
- xyz
- abcxyz

    1.1.5. /(abc)|(xyz)/

- abc
- xyz
- abcxyz

1.1.6. [a-f]+[\\.\?]battle!

- baba.a

- fea?

- cea

- dedo

1.1.7. /[a-zA-Z]*[^,]\+/

- Barrio+

- nuevo,+

- Antiguo

- jDks3sdF+

- RAMON +

- Siguiente.+

1.1.8. /(muy)+(gordo)?(alto|feo) hombre/

- muy gordo hombre

- gordo alto hombre

- muy muy gordo feo hombre

- muy muy muy muy alto hombre

1.1.9. /<[^>]+>/

- <elemento xml>

- <h1> </h1>

-

- <>

- <h1 class="miClase">

1.2. Modifique las funciones de validación con los siguientes cambios:

1.2.1. La función testTexto para aceptar solamente letras en minús-culas.

1.2.2. La función testURL para poder aceptar FTP y FTPS como proto-colo.

1.2.3. La función testURL para que solo acepte dominios .empresa.com.

1.2.4. La función `testURL` para que acepte www, WWW, wWw y cualquier combinación de mayúsculas y minúsculas.

1.2.5. La función `testTelefono` para que acepte teléfonos fijos de EE. UU.

1.2.6. La función `testColor` para que además de los colores en hexadecimal permita indicar al menos cuatro colores por sus nombres.

1.2.7. La función `testFecha` para aceptar el formato de fechas mm/dd/aaaa.

1.2.8. La función `testFecha` para aceptar el formato de fechas dd/mm/aaaa y dd/mm/aa, sin tener en cuenta los años bisiestos.

1.3. Cree las siguientes funciones de validación:

1.3.1. `testEntero` que validará números enteros y solo números enteros.

1.3.2. `testReal` que validará números reales.

1.3.3. `testTarjeta` que validará una tarjeta de crédito.

1.3.4. `testHTML` que validará si una cadena es código HTML bien formado o no.

1.4. Cree un formulario de contacto con su correspondiente validación en el supuesto de querer recibir los datos de una clínica sanitaria en la cual se han requerido los siguientes datos:

1.4.1. Nombre y DNI del paciente.

1.4.2. Número de la tarjeta sanitaria. El formato de las tarjetas será tres caracteres alfanuméricos seguido de una barra separadora y ocho caracteres numéricos, una barra separadora y finalmente dos caracteres alfabéticos en mayúsculas.

1.4.3. Compañía médica (Seguridad Social, DKV, Sanitas, Adeslas, etc.)

1.4.4. Teléfono fijo y teléfono móvil.

1.4.5. Dirección dividida en las siguientes partes:

- Tipo de vía.
- Nombre de la vía.
- Número de la calle.
- Número de la vivienda. Pudiendo ser número y letra, solo número o solo letra. Por ejemplo 3º B, 4-11, etc.

1.5. Cree un formulario en una página web como sección de contacto en el cual se deban tener en cuenta las siguientes validaciones:

    1.5.1. **Nombre/*nick* del usuario.** No debe estar vacío y su longitud debe estar comprendida entre cuatro y cincuenta caracteres.

    1.5.2. **Correo de contacto del usuario.** Debe ser un correo válido para cualquier proveedor de correos electrónicos.

    1.5.3. **Cuadro de texto con el comentario de contacto.** No debe estar vacío y su longitud debe estar comprendida entre cinco y trescientos caracteres.

1.6. Cree un formulario en una página web que permita el registro de usuarios; para ello debe validar la cuenta de usuario la cual será una cadena de caracteres (no se permitirán números ni símbolos) con una longitud de tres caracteres, como mínimo, y trescientos cuarenta y cinco caracteres, como máximo.

2. Efectos especiales en páginas web

Contenido

Introducción

Los efectos especiales en las páginas web pueden provocar dos reacciones sobre los usuarios: que el usuario quede fascinado por nuestra página web o todo lo contrario y este usuario jamás quiera volver al sitio web. Además, la inserción de efectos en nuestra página web puede conllevar una sobrecarga de datos que provocan una pérdida de usabilidad. Es por ello por lo que la creación de efectos debe ser utilizada con mucha cautela y conociendo algunas técnicas que permiten darle un toque de eficiencia a nuestra página web sin perder un ápice de usabilidad.

El objetivo principal de este capítulo es presentar técnicas y recursos que permitan crear sitios web más usables y accesibles para los usuarios finales utilizando imágenes y textos. Los textos suponen el 95 % del contenido de una página web y, por lo tanto, es muy importante conocer las propiedades actuales en el diseño de páginas web que permitan elaborar páginas con el mejor aspecto visual posible.

En este capítulo, el primer apartado se centra en trabajar con imágenes. En primer lugar, se introduce en qué formatos se deben escoger para su utilización en el desarrollo de aplicaciones web. A continuación, se presentan dos técnicas que permiten crear efectos de imágenes, que además posibilitan rebajar la carga de conexiones y datos transferidos desde los servidores provocando el efecto colateral beneficioso de conseguir una mayor usabilidad. El segundo apartado del capítulo se centra en cómo trabajar con textos enfocando el punto principal en la creación de efectos, de modo que estos no conlleven una sobrecarga de la red ni del navegador del usuario. Por ejemplo, se omite explicar técnicas obsoletas como es la de crear tipografías utilizando imágenes y se presentan reglas tan interesantes como son la creación de nuestras propias tipografías (*@font-face*).

Los siguientes apartados tratan el tema de la creación de los marcos y las ventanas, proporcionando al lector un sentido crítico para saber cuándo se debe utilizar una u otra y las limitaciones que ofrece cada una de estas técnicas. De este modo, se dispone de dos herramientas a la hora de crear páginas web que pueden ser útiles en determinadas ocasiones. El capítulo finaliza dando un repaso a efectos generales que se pueden generar utilizando HTML, CSS y capas.

2.1. Trabajar con imágenes: imágenes de sustitución e imágenes múltiples

2.1.1. Selección de imágenes

De modo general, existen dos tipos de imágenes digitales:

- **Imágenes vectoriales.** Las imágenes vectoriales son imágenes constituidas por objetos geométricos autónomos tales como líneas, curvas, polígonos, etc. Estos objetos geométricos son definidos por funciones matemáticas que determinan sus características. El nombre de *imágenes vectoriales* proviene de los vectores que constituyen a la imagen.

- **Imágenes de mapa de bits.** Las imágenes de mapa de bits están formadas por una serie de puntos (píxeles), los cuales contienen información de color y luminosidad. Estas imágenes están constituidas por matrices (mapas) de bits que codifican el color y la luminosidad de cada píxel.

En la Figura 2.1 se muestran dos imágenes, una vectorial y otra de mapa de bits.

Figura 2.1. Imagen vectorial de una tortuga e imagen de mapa de bits de una bicicleta.

Las imágenes vectoriales se utilizan para dibujos, rótulos, logotipos, etc. Nunca son utilizadas para captar imágenes del mundo real, sino para gráficos. Estas imágenes son construidas utilizando aplicaciones de dibujo vectorial tales como Inkscape, CorelDRAW o Adobe Ilustrator. Las principales ventajas de estas imágenes son los siguientes.

- Pueden ampliarse sin que aparezcan los *pixeles,* puesto que las imágenes son construidas utilizando funciones matemáticas y estas no están almacenadas como bits.

- Ocupan poco espacio, no es necesario que las imágenes ocupen muchos bits, puesto que son funciones matemáticas. La calidad de la imagen no va relacionada con el número de píxeles y la cantidad de información que se almacena en cada bit, sino que se puede representar como un fichero de texto.

Si se realiza una ampliación en alguna zona de la imagen vectorial de la Figura 2.1, no hay pérdida de calidad, mientras que en la fotografía (mapa de bits), al realizarse una ampliación sobre alguna zona, se acabará observando el efecto de pixelado en la bicicleta.

Las imágenes de mapa de bits permiten capturar el mudo real puesto que codifican en binario una mayor gama de colores y tonos (según el número de bits empleado) que las imágenes vectoriales. Estas imágenes son construidas utilizando herramientas como Adobe Photoshop o Gimp. También son creadas cuando se utilizan imágenes capturadas por cámaras de fotos o escáneres. Las principales características de estas imágenes son las siguientes:

- Las imágenes pueden capturar el mundo real por su composición de bits.

- Se produce el efecto de pixelado, aunque la imagen sea enorme; llegará un momento en el que, al hacer zoom se notarán los píxeles.

- La imagen ocupará mucho espacio; a mayor tamaño de imagen y mayor nivel de zoom que se desee alcanzar, será necesaria una mayor cantidad de bits.

Antes de empezar a describir los diferentes formatos en los que se almacenan las imágenes, hay que tener en cuenta algunas características que influyen en estos.

- **Formato con patentes/libres**. Los formatos con patentes pertenecen a una empresa que tiene los derechos para su reproducción y puede fijar unas condiciones por su utilización. Estas condiciones pueden ser económicas o limitaciones de uso. Los formatos libres no tienen restricciones y pueden ser utilizados sin ninguna limitación en el futuro.

- **Tamaño/calidad**. Se debe tener un equilibrio entre tamaño y calidad. Para un dispositivo móvil no es necesario tener imágenes de gran tamaño. Se deben pensar los tamaños de las imágenes en función de las pantallas de visualización en las que se van a utilizar, llegando a tener que confeccionar diferentes tamaños de la misma imagen según las pantallas destinatarias de esta. Además, si las imágenes son mapas de bits, se debe saber que a mayor tamaño, mayor peso del fichero. Por otro lado, si se quiere tener imágenes con menor peso, puede ser necesario bajar la calidad de esta.

- **Uso del formato**. Si se utilizan formatos privativos, se debe tener en cuenta que el uso de dicho formato está limitado a dicha empresa. Por otro lado, si se utilizan formatos libres que están ampliamente extendidos, se tendrá una garantía de que dicho formato no desaparecerá con el paso del tiempo según las circunstancias económicas de una empresa privada. Por lo tanto, se recomienda que se utilicen formatos estandarizados, priorizando en aquellos que sean libres.

Imágenes con pérdidas

Los formatos con pérdida de calidad son aquellos que no almacenan toda la información de la imagen original. Estos formatos descartan información que según sus algoritmos no se considera relevante. Estos criterios del algoritmo pueden provocar que en algunas ocasiones se note demasiado la pérdida de calidad en las fotografías. Por lo tanto, según el algoritmo de compresión utilizado la imagen puede verse con mayor o menor calidad para los usuarios. El formato JPEG es el formato más popular dentro de la familia de formatos con pérdida de calidad. A continuación se describen algunos formatos con pérdida que pueden ser utilizados en la web.

- **JPEG**. Es el formato más popular de los denominados con pérdida; es ampliamente utilizado por casi todas las herramientas. Es un formato privativo, el cual tiene licencia y, según el éxito de nuestras aplicaciones, se podrá utilizar con unas u otras restricciones. No obstante, existen codificaciones libres que utilizan dicho formato que para los usuarios es totalmente transparente, pues usan la versión libre del mismo.

- **JPEG 2000**. JPEG es un formato del año 1992 que sufrió una importante revisión en el año 2000. Al utilizar este formato, las imágenes son más difusas. No obstante, una de las principales mejoras que proporciona es el canal alfa, que permite construir imágenes con transparencias. Este formato sigue siendo privativo.

- **OpenJPEG**. Desarrollado en código abierto (*open source*) con licencia BSD, Este formato puede ser utilizado en desarrollos comerciales y libres. La extensión sigue siendo JPEG y, por tanto, para los usuarios finales no hay diferencia alguna.

- **WebP**. Es el formato desarrollado por Google y está basado en el códec de vídeo VP8. Este formato es el competidor del formato JPEG, puesto que tiene mejor calidad y menor peso. Además, su licencia es BSD y por consiguiente se cataloga dentro de los formatos con licencia libre.

Imágenes sin pérdidas

Los formatos de imágenes sin pérdidas no descartan información, ya sea relevante o no. Comprimen la información de tal manera que es posible recuperar la imagen en su estado original sin problema alguno. Este formato no es recomendable para imágenes con muchas texturas y colores, ya que lo ideal es conservar el formato original y utilizar versiones de las imágenes con pérdida en nuestros proyectos. Esto se debe a que las imágenes con abundantes texturas y colores suelen tener un gran tamaño, lo que provoca que la experiencia de navegación del usuario se vea perjudicada. El uso más adecuado de estas imágenes sería sobre colores sólidos, dibujos o gráficos. A continuación, se describen algunos de los formatos más populares.

- **BMP.** Es el formato desarrollado por Microsoft y se ha hecho popular al ser el formato del *software* Paint. Hoy en día es histórico y no es recomendable su utilización en ninguna web debido a que el peso de las imágenes es bastante elevado.

- **TIFF.** Este formato mejora su tamaño, puesto que utiliza el algoritmo de compresión LZW. Actualmente, este formato es utilizado en programas de impresión debido a que es muy eficiente para imágenes con grandes resoluciones en blanco y negro.

- **GIF.** Es el formato más popular de internet, desarrollado por la empresa CompuServe. Se hizo popular al ser un formato que permite generar animaciones de un modo fácil. El formato GIF solamente permite utilizar 256 colores, lo que provoca que los tamaños de los GIF sean bastante pequeños en comparación con otros formatos, ya que solamente es necesario almacenar 8 bits para la fase de cuantificación de colores. Este formato no debe utilizarse para fotografías, ya que la calidad de la imagen es baja debido a la falta de colores.

- **PNG**. Es el formato ideado para sustituir a GIF como versión libre de licencias. Existen dos versiones del formato PNG: PNG-8 y PNG-24. El primero de ellos utiliza 8 bits para competir directamente con el formato GIF, puesto que también soporta 256 colores. Por otro lado, PNG-24 utiliza 24 bits permitiendo ser utilizado para fotografías en las que se requiere mayor calidad que con 8 bits.

Imágenes vectoriales

Las imágenes vectoriales permiten realizar ampliaciones (zoom) sobre las imágenes sin que se produzca pérdida de calidad. El formato libre más aceptado hoy en día es **SVG**, el cual está basado en el lenguaje de etiquetas XML, lo que le permite generar y modificar las imágenes en lo que a programación se refiere. Otros formatos vectoriales ampliamente extendidos en la industria, aunque no tanto en la web, son EPS de Adobe o WMF de Microsoft.

2.1.2. Optimización de imágenes

Una vez introducidos los formatos de imágenes, en esta sección se van a presentar las herramientas que permiten realizar la optimización de imágenes. Las herramientas que pueden servir para dicho fin son las siguientes:

- **Guardar para la web (Save for Web) de Photoshop.** El *software* Adobe Photoshop incluye una opción integrada que optimiza las imágenes pensando en su utilización para la web. En la Figura 2.2 se muestra el panel de configuración de este *software*. La herramienta permite exportar las imágenes en JPG, GIF, PNG-8 y PNG-24. Además, observe que en el lateral derecho de la interfaz gráfica de la herramienta se pueden realizar configuraciones de parámetros tales como la calidad, el tipo de imagen, si se desea convertir a RGB o incluso para recortar el tamaño de la imagen. Esta herramienta permite visualizar en tiempo real las modificaciones de la imagen y el tamaño que ocuparía junto a los tiempos de descarga para diferentes conexiones a internet.

Figura 2.2. Guardar para la web de Photoshop.

- **Guardar para la web (Save for Web) (GIMP).** El editor gráfico gratuito GIMP no posee una opción para guardar para web por defecto, pero existe un *plugin* para tal fin que tiene las mismas funcionalidades que el *software* privativo de Adobe. Esta herramienta permite exportar las imágenes en JPEG, GIF, PNG-8 y PNG-24 y realizar ajustes de varios parámetros como calidad, compresión o número de colores. En la Figura 2.3 se muestra el *plugin* de GIMP para salvar imágenes optimizadas para la web. El *plugin* es muy parecido al privativo de Adobe Photoshop en la interfaz gráfica y, por consiguiente, cualquier usuario puede utilizar uno u otro sin dificultad de aprendizaje. En la Figura 2.3 se está optimizando una imagen de aproximadamente 1 *megabyte* de tamaño a menos de 200 *kilobytes*. Es posible escoger entre el formato que se desea optimizar y, según el formato que se elija, las opciones asociadas al formato cambiarán para poder ajustarlas a las características de dicho formato. Además, es posible escalar la imagen para ocupar menos espacio. Cada modificación que se realice en las opciones podrá previsualizarse antes de realizar el cambio sobre la imagen.

Figura 2.3. Guardar para la web de GIMP.

- **Radical Image Optimization Tool (RIOT).** Es una herramienta pensada exclusivamente para optimizar imágenes que facilita el trabajo con los formatos más populares tales como JPEG, GIF o PNG. Al igual que las otras herramientas, permite varios parámetros de ajustes tales como brillo, contraste o invertir la imagen. RIOT posibilita utilizar optimizadores externos como complementos, de modo que herramientas como PNGOut u OptiPNG pueden utilizarse en este *software*. En la Figura 2.4 se muestra la aplicación RIOT con dos imágenes. Es la herramienta que tiene la interfaz más intuitiva y sencilla, puesto que a la izquierda aparece la imagen original y a la derecha se muestra la imagen tras realizar los cambio y el tamaño de la nueva imagen. En la parte inferior de la ventana se sitúan las configuraciones aplicadas a la nueva imagen en función del formato de exportación elegido. Esta herramienta es exclusivamente para los sistemas operativos de Microsoft.

Ejemplos de optimización con *software*

En esta sección se muestran varias tablas con los resultados asociados a las optimizaciones de las imágenes utilizando las herramientas *software* previamente presentadas utilizando varias imágenes en diferentes formatos. En la Tabla 2.1 se muestran los resultados obtenidos utilizando la herramienta Save for Web de GIMP y RIOT para una imagen en formato PNG. Observe que a medida que la imagen reduce los colores el tamaño de la imagen es menor. La optimización de estas imágenes se ha realizado para que no se note una excesiva pérdida de calidad. Sería un ejercicio tramposo reducir la cantidad de imágenes a un número en el cual se perdiese toda la calidad de la imagen.

Tabla 2.1. Resultados de aplicar la optimización de imágenes en una imagen con formato PNG

	Imagen original	GIMP Save for Web	RIOT
Peso	363 KB	98 KB	280 KB
Formato	PNG	PNG	PNG
Número colores	32	8	24

En la Tabla 2.2 se muestran los resultados aplicados sobre una imagen en formato JPG. En este caso, el número de colores se ha mantenido constante tanto en la versión original como en las imágenes optimizadas, y el tamaño se ha visto reducido en gran medida en las versiones optimizadas. La optimización no se logra por reducir el número de colores, sino por el algoritmo en sí de compresión que se está aplicando. La imagen original ocupa más de 1 *megabyte* de tamaño, mientras que las versiones optimizadas ocupan menos de la mitad que la original. En esta ocasión, hay pérdida de calidad, pero no es apreciable por los usuarios.

Tabla 2.2. Resultados de aplicar la optimización de imágenes en una imagen con formato JPG

	Imagen original	GIMP Save for Web	RIOT
Peso	1432 KB	621 KB	536 KB
Formato	JPG	JPG	JPG
Número colores	24	24	24

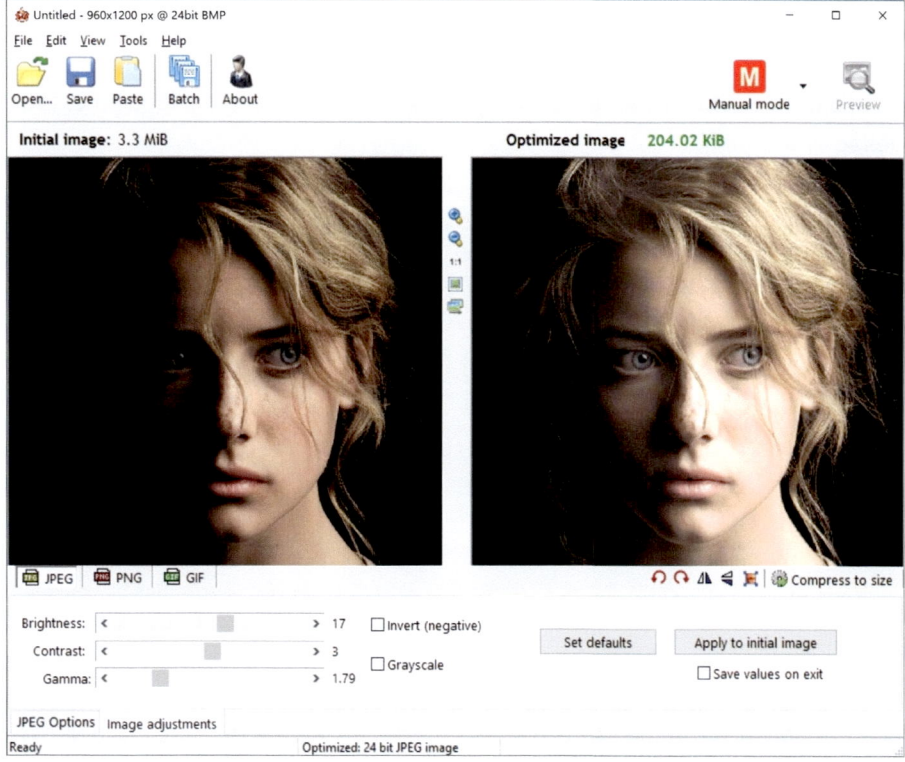

Figura 2.4. Optimización de imágenes utilizando RIOT.

2.1.3. Implementación de código con varias imágenes

Imágenes de sustitución

Las imágenes de sustitución son una técnica que permite sustituir una imagen por otra cuando se pasa el puntero del ratón por encima de ella. Esto provoca un efecto visual de atención sobre el usuario al saber que esa es la opción que tiene seleccionada sobre las demás.

Para poder utilizar esta técnica es necesario disponer de varias imágenes con diferentes niveles de sombreado, es decir, se dispondrá del mismo icono o imagen de modo activado (*on*) y desactivado (*off*).

A continuación, vamos a construir una aplicación en la cual se dispone de los logos de los diferentes navegadores en estado activo y en estado desactivado. En la Figura 2.5 se muestra el logo de Mozilla Firefox en los estados activo y desactivado. Al situar el cursor sobre la imagen, se sustituirá la imagen de desactivado por

Figura 2.5. Imágenes del logo de Mozilla Firefox activado y desactivado.

la de activado. En este caso, las imágenes se van a llamar firefox-on.png y firefox-off.png para poder conocer el estado de cada una de ellas.

En el Ejemplo 2.1 es muestra el código HTML con la imagen del logo en estado desactivado (*off*).

```html
<!DOCTYPE html>
<html>
  <head>
    <meta charset="UTF-8" />
  </head>
  <body>
    <h1>Ejemplo de imágenes de sustitución</h1>
    <img id="iFirefox" alt="Navegador firefox desactivado"
src="firefox-off.png"/>
  </body>
</html>
```

Ejemplo 2.1. Imágenes de sustitución. HTML.

El efecto de sustitución se consigue a través de JavaScript haciendo uso de los eventos del ratón onmouseover y onmouseout. De modo que, cuando el ratón se sitúe sobre la imagen se modificará el atributo src de la imagen *off* por la imagen *on* y cuando el ratón salga del foco del elemento se invocará el evento onmouseout el cual volverá a cambiar el atributo src por la imagen *on*. En el Ejemplo 2.2 se muestra el código JavaScript asociado a este fichero HTML.

```javascript
const iFirefox = document.getElementById("iFirefox");

function activar() {
  iFirefox.src = "firefox-off.png";
}

function desactivar() {
  iFirefox.src = "firefox-on.png";
}

iFirefox.addEventListener("mouseover", activar);
iFirefox.addEventListener("mouseout", desactivar);
```

Ejemplo 2.2. Imágenes de sustitución. JavaScript.

Imágenes múltiples

Las imágenes múltiples también conocidas como CSS Sprites son una técnica que permite compilar todas las imágenes de decoración de una página web en una única imagen. La técnica de crear *sprites* no es nueva, sino que existe desde 1975 y ha sido ampliamente utilizada en el desarrollo de videojuegos en 2D. Esta técnica aplicada en el desarrollo de aplicaciones web mejora la usabilidad del sitio web. Esto es así porque cada vez que el navegador se conecta para descargar una imagen debe abrir una petición HTTP. Es mucho más rentable para la transferencia de datos abrir una sola conexión y transmitir la información y cerrarla. Aunque la imagen generada sea de mayor tamaño que las imágenes separadas, el ahorro que se consigue al no tener que abrir diferentes peticiones HTTP supera ampliamente el tamaño de la imagen de mayor tamaño.

Lo primero que se debe disponer para aplicar esta técnica es de una imagen que aglutine todas las imágenes en una sola a modo de *sprite*. En la Figura 2.6 se muestran todas las imágenes de los logos de los navegadores tanto en el estado *on* como en *off*. A continuación, se deben crear clases en CSS diferenciadas para cada una de las imágenes, tanto en estado activo como desactivado. En estas clases de CSS se mostrará solamente la imagen que se desea, activa o desactivada, y para ello se hace uso de la propiedad `background-position` de CSS. Teniendo en cuenta que la posición de la imagen comienza en la posición 0, 0, la cual corresponde a la esquina superior izquierda. Además, sabiendo que todas las imágenes son iguales (simplifica bastante la tarea de crear *sprites*), se puede calcular donde comenzará cada uno de los iconos y qué tamaño queremos mostrar de la imagen.

En resumen, lo que se está haciendo es montar una única imagen con todas las imágenes que se quieren preparar para el CSS Sprites y posteriormente mostrar un trozo de la imagen indicando desde donde se comienza dicho trozo de la imagen.

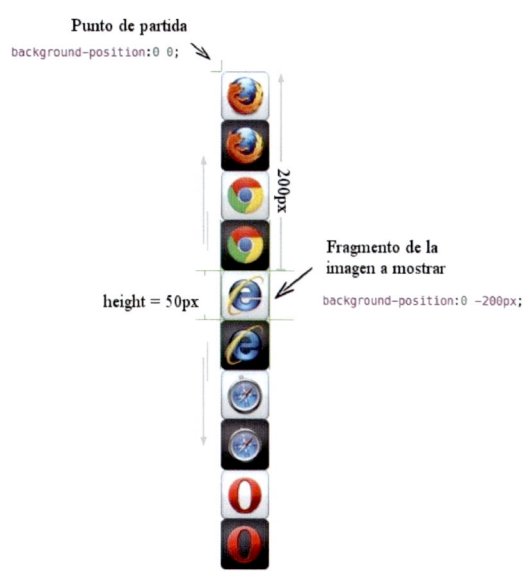

Figura 2.6. CSS Sprites. Imágenes de logos de navegadores.

En el Ejemplo 2.3 se muestra la creación de dos clases de CSS para tomar fragmentos de la imagen principal. La primera clase de CSS llamada *sprite* lo que hace es cargar la imagen `logos.png`, la cual tiene todos los logos de los navegadores como una imagen de fondo sin repetición. Esta imagen será el fondo de los elementos sobre los que se referencie la clase de CSS *sprite*. La siguiente clase, a modo de ejemplo, es la del navegador Internet Explorer, el cual comienza en la posición 0, -200px. Esta posición es especificada utilizando la propiedad `background-position`. La posición proviene del hecho de que en este caso particular cada una de las imágenes mide 50 píxeles × 50 píxeles. Al estar situado el logo de Internet Explorer el quinto en la serie de imágenes del *sprite,* corresponde a comenzar desde la posición -200 px hasta -250 px. Es muy importante definir el tamaño de la imagen (`width` y `height`), puesto que de este modo se selecciona dicho fragmento de la imagen sin error. Finalmente, se indica que el `display` de esta clase será `inline-block` porque queremos integrarlo en nuestro documento HTML con dicha maquetación.

Para hacer que aparezca el logo de Internet Explorer se deben utilizar la clase CSS `sprite` y la clase `ie` en el elemento que deseemos transformar como el logo. Observe que en el ejemplo se hace sobre un elemento `span`, el cual no contiene texto alguno.

```html
<!DOCTYPE html>
<html lang="en">
  <head>
    <meta charset="UTF-8" />
    <title>Sprite CSS Example</title>
    <style type="text/css">
      .sprite {
        background: url("logos.png") no-repeat;
        display: inline-block;
      }
      .ie {
        width: 50px;
        height: 50px;
        background-position: 0 -200px;
      }
    </style>
  </head>
  <body>
    <span class="sprite ie"></span>
  </body>
</html>
```

Ejemplo 2.3. CSS Sprites. Creación de clases para mostrar logos.

Una vez comprendido el ejemplo anterior, el lector puede deducir que obtener las imágenes asociadas a Firefox, Chrome, Safari y Opera se consigue exactamente del mismo modo. No obstante, para conseguir el efecto de sustitución de la imagen cuando el cursor se encuentra situado sobre el logo, no se realiza utilizando JavaScript, sino que se puede construir asociando a la pseudoclase hover el fragmento de la imagen logos.png correspondiente al estado *on*. De este modo, deberíamos tener en la hoja de estilos las reglas de las clases asociadas a cada uno de los logos y además las asociadas a los logos en estado *off* con la pseudoclase hover.

En el siguiente ejemplo se construye un menú de navegación en el cual se muestra el nombre del navegador y la imagen del logo asociado a dicho navegador. En el momento en que se sitúe el cursor sobre el menú de navegación se sustituirá una imagen por otra.

En el Ejemplo 2.4 se muestra el código correspondiente al menú de navegación en el cual se situarán todos los logos de los navegadores y sus nombres. Observe que el menú es construido utilizando los elementos ul y li. Al elemento li se le ha asociado la clase que va a corresponder a cada uno de los fragmentos de la imagen logos.png.

```html
<!DOCTYPE html>
<html lang="en">
  <head>
   <meta charset="UTF-8" />
   <title>Navegadores Web</title>
  </head>
  <body>
   <ul class="menu">
    <li class="firefox"><a href="#">Firefox</a></li>
    <li class="chrome"><a href="#">Chrome</a></li>
    <li class="edge"><a href="#">Edge</a></li>
    <li class="opera"><a href="#">Opera</a></li>
    <li class="safari"><a href="#">Safari</a></li>
   </ul>
  </body>
</html>
```

Ejemplo 2.4. CSS Sprites. Menú de navegación. HTML.

En el Ejemplo 2.5 se muestra la hoja de estilos asociada para conseguir el efecto mostrado en la Figura 2.6. Fíjese que en este caso al utilizar los elementos ul y li se deben realizar unos ajustes en la hoja de estilos para eliminar el aspecto por defecto que utilizan los navegadores con estos elementos HTML. Lo primero que se hace es modificar el estilo de la lista (`list-style-type: none`) para que no aparezca ninguna representación por parte de los navegadores. A continuación, se ajustan los rellenos (`padding`), tamaños de fuentes (`font-size`) y tipografía (`font-family`) de todos los elementos `li` (`ul.menu li`). Los ajustes realizados hasta este momento no son parte de la técnica CSS Sprites, sino que son ajustes tradicionales a la hora de crear un menú de navegación. Es en la definición de los enlaces que existen en los elementos `li` (`ul.menu li a`) donde se define la imagen `logos.png` como imagen de fondo. De este modo, todos los enlaces que aparezcan en nuestro menú de navegación tendrán asociada la imagen de `logos.png` como fondo. Observe que se han ajustado otros parámetros como el relleno izquierdo (`padding-left`) y ajustes del color de la tipografía (`color`) para conseguir que el texto del nombre del navegador aparezca desplazado y con una tipografía concreta junto a la imagen de su logotipo.

El siguiente paso consiste en separar cada una de las imágenes asociadas a los logos utilizando la propiedad `background-position` de modo que para el navegador firefox el selector utilizado es `.menu .firefox a`. En caso de que se quiera modificar la imagen asociada al evento `onmouseover` este puede ser construido utilizando las pseudoclases `hover` de la hoja de estilo. El selector asociado al cursor sobre el enlace del navegador firefox sería `.menu .firefox a:hover`. De este modo estamos generando un código totalmente independiente a JavaScript, puesto que es parte de la maquetación y no de la interacción con el usuario.

En la Figura 2.7 se muestra el efecto de modificar la imagen, el cual es igual que el que hubiéramos obtenido utilizando la técnica de imágenes de sustitución, pero con un coste mucho inferior en la descarga de datos por parte del navegador proporcionando una mayor usabilidad al usuario.

Firefox

Chrome

Explorer

Opera

Safari

Figura 2.7. CSS Sprites. Menú de navegación resultado final.

```
.menu {
    list-style-type: none;
}
```

```css
.menu li {
    padding: 5px;
    font-size: 16px;
    font-family: Arial, sans-serif;
}

.menu a {
    height: 50px;    line-height: 50px;
    display: inline-block;
    padding-left: 60px;
    color: #3E789F;
    background: url("logos.png") no-repeat;
}

.menu .firefox a {
    background-position: 0 0;
}
.menu .chrome a {
    background-position: 0 -100px;
}
.menu .ie a {
    background-position: 0 -200px;
}
.menu .safari a {
    background-position: 0 -300px;
}
.menu .opera a {
    background-position: 0 -400px;
}

.menu .firefox a:hover {
    background-position: 0 -50px;
}
.menu .chrome a:hover {
    background-position: 0 -150px;
}
.menu .ie a:hover {
    background-position: 0 -250px;
}
.menu .safari a:hover {
    background-position: 0 -350px;
}
.menu .opera a:hover {
    background-position: 0 -450px;
}
```

Ejemplo 2.5. CSS Sprites. Menú de navegación. CSS.

2.2. Trabajar con textos: efectos estéticos y de movimiento

Los textos son un elemento fundamental en la web, puesto que la mayor parte del contenido de las páginas web es texto. Es por ello por lo que es un elemento que se debe cuidar al máximo, sobre todo si se aplica algún tipo de animación.

En el pasado se utilizaban elementos HTML como `marquee` o animaciones generadas en formatos no estándares como puede ser Flash (`swf`). Hoy en día se dispone de propiedades específicas para manipular y configurar la tipografía de nuestra página web y propiedades para poder crear animaciones, tanto para tipografías como para efectos más sorprendentes.

2.2.1. Creación de textos mejorados y con movimiento

Las hojas de estilo permiten un control total sobre el formato del texto en los sitios web. En esta sección se presentarán algunas de las principales propiedades de CSS utilizadas para formatear el texto. Las propiedades de las fuentes en CSS son usadas para configurar la apariencia deseada para el texto de un documento.

- **font-family**. Permite especificar un nombre de fuente en concreto o bien una familia genérica de fuentes. Se puede especificar una lista de fuentes separadas por comas teniendo en cuenta que, si el nombre de la fuente o familia tiene algún espacio, habrá que encerrarlo entre comillas. En esta propiedad existe la limitación de que la fuente debe estar instalada en el equipo cliente, es por ello por lo que habrá que utilizar las denominadas fuentes seguras. No obstante, a partir de CSS3 se presenta un nuevo método que permite utilizar cualquier tipografía (`@font-face`). Se define una lista de fuentes debido a que, si no existe la primera fuente en el cliente, se procederá a tratar de cargar la siguiente fuente y así sucesivamente. En el Ejemplo 2.6 se muestra la declaración de tres reglas que utilizan diferentes tipografías. En el primer caso, se está tratando de hacer uso de la tipografía *Times New Roman;* si esta no estuviera instalada, se tratará de utilizar la tipografía *Times,* y si esta tampoco existiera, se utilizará cualquier tipografía de la familia *serif.* Observe que siempre se pone en último lugar la fuente más genérica, pues en los otros ejemplos se definen como últimas tipografías *sans-serif* y *monospace* que son tipos de fuentes en lugar de fuentes en concreto.

```
font-family: "Times New Roman", Times, serif;
font-family: Arial, Helvetica, sans-serif;
font-family: "Courier New", Courier, monospace;
```

Ejemplo 2.6. Utilización de la propiedad *font-family.*

- **font-size**. Permite especificar el tamaño del texto. Se pueden especificar los tamaños utilizando la forma absoluta, relativa, con valores numéricos o con porcentajes.

- **font-weight**. Permite especificar el espesor o intensidad de las fuentes. Se pueden especificar diferentes valores cerrados: `normal`, `bold`, `bolder`, `lighter`, 100, 200, 300, 400, 500, 600, 700, 800 y 900. Los valores que normalmente se utilizan son `normal` (el valor por defecto) y `bold` para los textos en negrita. El valor normal equivale al valor numérico 400 y el valor `bold` al valor numérico 700.

- **font-style**. Permite especificar el estilo de la fuente. Existen tres valores posibles: `normal`, que no configura ningún estilo (es el valor por defecto); `italic`, que equivale a tener una fuente cursiva, y `oblique`, en este caso se consigue el efecto de utilizar una fuente cursiva. Es decir, en `oblique` solamente se inclinan las letras de la fuente, pero no corresponden realmente a un tipo de fuente cursiva como en el caso anterior.

- **font-variant**. Permite especificar dos posibilidades de variantes de texto: `normal` y `small-caps`. Al especificar `normal`, el texto no cambia de apariencia, y con `small-caps` el texto se mostrará en mayúsculas, pero de un tamaño inferior.

- **color**. Permite especificar el color de la fuente. Este puede ser especificado utilizando notación hexadecimal o el nombre de los colores (si es alguno de los utilizados por los navegadores).

Además, existe una propiedad *shorthand* denominada `font` que nos permite indicar de forma directa algunas o todas las propiedades de la tipografía de un texto. El orden en el que se deben indicar las propiedades del texto es el siguiente:

1. En primer lugar y opcionalmente se indican `font-style`, `font-variant` y `font-weight` en cualquier orden.

2. Posteriormente se indica obligatoriamente el valor de `font-size` y opcionalmente la altura de la línea (`line-height`).

3. Finalmente, se indica obligatoriamente el tipo de letra a utilizar.

4. Algunos ejemplos de utilizar la propiedad `font` se presenta en el Ejemplo 2.7.

```
font: normal .94em "Times New Roman",Arial,Helvetica,sans-serif;
font: bold 1em "Trebuchet MS",Arial,Sans-Serif;
font: normal 0.9em "Lucida Grande", Verdana, Arial, Helvetica,
sans-serif;
font: normal 1.2em/1em helvetica, arial, sans-serif;
font: 11px verdana, sans-serif;
```

Ejemplo 2.7. Ejemplos de la propiedad *font* de CSS.

Tratamiento de textos

Además, se pueden aplicar estilos de textos para conseguir efectos como especiado entre las palabras o las letras, decorándolos, alineándolos, transformándolos, etc. Algunas de estas propiedades son:

- **text-align**. Esta propiedad especifica la alineación del texto. CSS permite alinear el texto según estos valores: a la izquierda (left), derecha (right), centrado (center) y justificado (justify). La propiedad text-align no solo alinea el texto que contiene un elemento, sino que también alinea todos los elementos contenidos, como por ejemplo, las imágenes o tablas.

- **text-decoration**. Permite decorar el texto con subrayados y otros efectos. Los valores que se pueden especificar son: ninguno (none), subrayado (underline), línea por encima (overline), tachado (line-through) y heredado (inherit).

- **text-transform**. Especifica la apariencia de las letras. Los valores que puede tener son: texto normal (none), cada palabra comienza por mayúsculas (capitalize), todo el texto aparece en mayúsculas (uppercase) y todo el texto aparece en minúsculas (lowercase).

En el Ejemplo 2.8 se muestra la utilización de la propiedad text-transform para conseguir diferentes efectos visuales con los textos sin necesidad de recurrir a programación en JavaScript.

```
<!DOCTYPE html>
<html lang="en">
  <head>
    <meta charset="UTF-8" />
    <title>Text Transform Example</title>
    <style>
      .original {
```

```
        text-transform: none;
      }
      .capitalize {
        text-transform: capitalize;
      }
      .lowercase {
        text-transform: lowercase;
      }
      .uppercase {
        text-transform: uppercase;
      }
    </style>
  </head>
  <body>
    <div class="original">
      <h1>Original</h1>
      Lorem ipsum dolor sit amet...
    </div>
    <div class="capitalize">
      <h1>text-transform: capitalize</h1>
      Lorem ipsum dolor sit amet...
    </div>
    <div class="lowercase">
      <h1>text-transform: lowercase</h1>
      Lorem ipsum dolor sit amet...
    </div>
    <div class="uppercase">
      <h1>text-transform: uppercase</h1>
      Lorem ipsum dolor sit amet...
    </div>
  </body>
</html>
```

Ejemplo 2.8 Ejemplos de la propiedad *text-transform* de CSS.

- **line-height**. Permite especificar el espacio que hay entre dos líneas conse-
  cutivas. En el Ejemplo 2.9 se muestran varios ejemplos de aplicación de la
  propiedad `line-height`.

```
p { line-height: 1.4; }
p { line-height: 14pt; }
p { line-height: 140%; }
```

Ejemplo 2.9. Ejemplos de la propiedad *line-height* de CSS.

- **text-indent**. Permite especificar el sangrado de la primera línea del elemento. Lo tradicional es dejar un espacio sangrado en los párrafos. En el Ejemplo 2.10 se muestra la aplicación de la propiedad `text-indent` con diferentes valores para el elemento *p* de HTML.

```
p { text-indent: 20px; }
p { text-indent: -12px; }
p { text-indent: 10%; }
```

Ejemplo 2.10. Ejemplos de la propiedad *text-indent* de CSS.

- **letter-spacing**. Especifica el espacio que hay entre los caracteres. Este valor aumenta o disminuye en relación con el espacio definido por la fuente utilizada en el elemento. En el Ejemplo 2.11 se muestran varios ejemplos de aplicación de la propiedad `letter-spacing` aplicados al elemento *p* de HTML.

```
p { letter-spacing: 12px; } /* Expande los caracteres. */
p { letter-spacing: -0.5px; } /* Contrae los caracteres. */
```

Ejemplo 2.11. Ejemplos de la propiedad *letter-spacing* de CSS.

- **white-space**. Establece cómo se gestionan los espacios en blanco. Los valores que se pueden definir son: los espacios en blanco adicionales son ignorados por el navegador (`normal`), los espacios en blanco adicionales son utilizados al igual que con el elemento *pre* (`pre`), no se produce el ajuste de línea automático por lo que el texto permanecerá en la misma línea hasta que se encuentre un elemento de salto de línea (`nowrap`).
- **vertical-align**: Permite establecer la alineación vertical en una misma línea de varios elementos diferentes, ya sean imágenes o texto. Los valores que puede tomar esta propiedad son `baseline`, `sub`, `super`, `top`, `text-top`, *text-bottom*, unidades de medida y porcentajes.

Efectos de textos

El tratamiento de las fuentes es uno de los puntos fuerte de CSS3. En CSS3 se muestra cualquier tipografía independientemente de que el visitante tenga instalada en su máquina o no la tipografía. El uso de cualquier tipografía es establecido utilizando la regla @font-face. La regla **@font-face** sigue la sintaxis expuesta en el Ejemplo 2.12 en la cual se muestra la creación de una tipografía que se llama **CrimsonRoman**. La explicación de la regla @font-face es la siguiente:

— En primer lugar, aparece `font-family` que es el nombre de la fuente que estamos creando. Esta declaración se debe incluir en aquellos elementos que se quieran utilizar en la tipografía. En nuestro ejemplo se ha tomado como nombre CrimsonRoman, pero podría indicarse cualquier nombre.

— A continuación, se le indica al navegador dónde encontrar el archivo de la tipografía para descargarlo en caso de que no encuentre la tipografía en la caché o en el sistema. Se puede observar que en primer lugar aparece la ruta de la fuente en formato `woff`. Las siguientes URL son para indicarle a cada navegador la ruta del archivo de la fuente que maneja cada uno. No olvide que cada usuario puede utilizar un navegador diferente (o versión diferente) y hay que intentar alcanzar el máximo número de usuarios.

— Finalmente, se establecen las propiedades `font-weight` y `font-style` ya estudiadas previamente. Estas propiedades se determinan para que los navegadores no modifiquen el aspecto de la tipografía.

Una vez que han sido establecidos los archivos de las fuentes y la regla **@font-face**, se debe aplicar la tipografía sobre los elementos que se desee. En el Ejemplo 2.13 se aplica esta nueva tipografía a los títulos (h1). Además, se definen más tipografías por si por alguna circunstancia es imposible cargar la fuente. En la Figura 2.8 se muestra una página web con diferentes tipografías personalizadas utilizando la regla @font-face.

```
@font-face{
    font-family: "CrimsonRoman";
    url("Crimson-Roman.woff") format("woff"),
    url("Crimson-Roman.ttf") format("truetype"),
    url("Crimson-Roman.svg#CrimsonRoman") format("svg");
    font-weight: normal;
    font-style: normal;
}
```

Ejemplo 2.12. Creación de tipografías propias utilizando @font-face.

```
h1 { font-family: CrimsonRoman, Georgia, Garamond, serif; }
```

Ejemplo 2.13. Aplicación de tipografías propias utilizando @font-face.

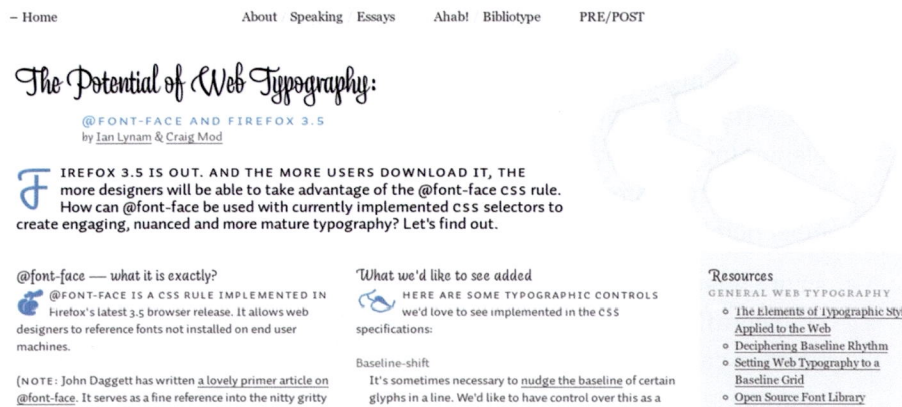

Figura 2.8. Página web con tipografías personalizadas.

2.2.2. Implementación de efectos

En esta sección se van a describir dos técnicas para implementar efectos sobre las tipografías en lugar de describir cómo crear animaciones o transiciones que son técnicas más genéricas y se describirán en la sección 2.5. Las técnicas presentadas son `text-shadow` y `word-wrap`.

Text-shadow

Otra interesante característica de CSS3 es la de poder añadir una o varias sombras a cada letra de un texto sin tener que recurrir a imágenes o código JavaScript. La sintaxis más sencilla es la mostrada en el Ejemplo 2.14 donde se añade una sombra gris oscura (#333) desplazada a la derecha (0.1em) y abajo (0.1em) en relación con el texto normal. El resultado de aplicar esta sombra es el mostrado en la Figura 2.9 con el texto *The noak and the barcicle*.

```
h3 {text-shadow: 0.1em 0.1em #333;}
```

Ejemplo 2.14. Utilización de la propiedad *text-shadow* de CSS (I).

The noak and the barcicle　　　**"What do you say?" said the UK**

In order to see more clearly

I wish wish wish...

Figura 2.9. Ejemplos de la propiedad *text-shadow* de CSS.

Además, para conseguir efectos más interesantes se puede incorporar borrosidad a la sombra. Esto se consigue añadiendo un nuevo valor a la propiedad entre el color y el desplazamiento abajo. En el Ejemplo 2.15 se muestran dos implementaciones del efecto text-shadow para dos frases diferentes, una con un poco de imprecisión (0.05em) y la otra con mucha imprecisión (0.2em). El resultado se muestra en la Figura 2.9 con los textos *What do you say?" said the UK* en el primer ejemplo y con el texto *In order to see more clearly* en el segundo ejemplo.

```css
h3.a {text-shadow: 0.1em 0.1em 0.05em #333;}
h3.b {text-shadow: 0.1em 0.1em 0.2em black;}
```

Ejemplo 2.15. Utilización de la propiedad *text-shadow* de CSS (II).

Se pueden lograr efectos más interesantes agregando más de una sombra al texto. Esto se consigue indicando cada una de las sombras separadas por una coma tal y como se muestra en el Ejemplo 2.16. El resultado de este efecto es el mostrado en la Figura 2.9 con el texto *I wish wish wish*.

```css
h3 {text-shadow: 0.2em 0.5em 0.1em #600,
   -0.3em 0.1em 0.1em #060,
    0.4em -0.3em 0.1em #006}
```

Ejemplo 2.16. Utilización de la propiedad *text-shadow* de CSS (III).

Los efectos que se pueden conseguir con las sombras son bastante sorprendentes puesto que no olvidemos que estamos trabajando con texto básico y que el navegador no tendrá un sobrecoste por descargar imágenes o interpretar código JavaScript. En la Figura 2.10 se muestran algunos resultados profesionales de implementar estos efectos con texto plano. El código asociado a estos efectos es el mostrado en el Ejemplo 2.17.

Figura 2.10. Ejemplos de efectos en textos utilizando la propiedad *text-shadow* de CSS.

```html
<!DOCTYPE html>
<html lang="en">
  <head>
    <meta charset="UTF-8" />
    <title>Text Styles</title>
    <style>
      /* Estilos base para los h1 */
      h1 {
        text-align: center;
        margin: 200px auto;
        font-size: 200px;
        text-transform: uppercase;
      }

      #vintage h1 {
        font-family: "League-Gothic", Courier;
        color: #707070;
        text-shadow: 5px 5px 0px #eee, 7px 7px 0px #707070;
      }

      #neon h1 {
        font-family: "Museo";
        color: #fff;
        text-shadow: 0 0 10px #fff, 0 0 20px #fff, 0 0 30px #fff,
          0 0 40px #ff00de, 0 0 70px #ff00de, 0 0 80px #ff00de,
          0 0 100px #ff00de, 0 0 150px #ff00de;
      }

      #inset h1 {
        font-family: "League-Gothic", Courier;
        color: #222;
        text-shadow: 0px 2px 3px #666;
      }

      #anaglyphic h1 {
        font-family: "League-Gothic", Courier;
        color: rgba(0, 168, 255, 0.5);
        text-shadow: 8px 8px 0 rgba(255, 0, 180, 0.5);
      }

      #fire h1 {
        font-family: "League-Gothic", Courier;
        color: #fff;
        text-shadow: 0 0 20px #fefcc9, 10px -10px 30px #feec85,
          -20px -20px 40px #ffae34, 20px -40px 50px #ec760c,
          -20px -60px 60px #cd4606, 0 -80px 70px #973716,
          10px -90px 80px #451b0e;
      }
```

```
    #boardgame h1 {
      font-family: "League-Gothic", Courier;
      color: #fff;
      text-shadow: 10px 10px 0 #ffd217, 20px 20px 0 #5ac7ff,
        30px 30px 0 #ffd217, 40px 40px 0 #5ac7ff;
    }
  </style>
  </head>
  <body>
    <!-- Aquí puedes insertar tus elementos con IDs vintage,
  neon, etc. para ver los estilos aplicados -->
  </body>
</html>
```

Ejemplo 2.17. Ejemplos de efectos en textos utilizando la propiedad *text-shadow* de CSS.

Word-wrap

La propiedad `word-wrap` permite establecer que las palabras largas se corten para no sobrepasar el ancho del tamaño del contenedor definido con la propiedad `width`. El principal defecto que tiene esta propiedad es que cuando se realiza la división de palabras estas no respetan la división de sílabas de los idiomas, ni añade el guion de corte de palabras. Su única funcionalidad es cuando previamente ha sido establecido un ancho (`width`) al elemento contenedor y el contenido de algunas palabras es excesivamente largo y producen un desbordamiento en el contenido del contenedor. Sus dos posibles valores son:

- **normal.** Es el comportamiento por defecto y no divide las palabras.

- **break-word.** Realiza la partición de las palabras.

En la Figura 2.11 se muestra el resultado de utilizar los valores `break-word` o `normal`.

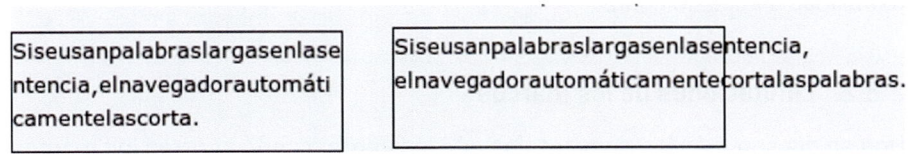

Figura 2.11. Utilización de la propiedad word-wrap de CSS.

2.2.3. Adecuación de los efectos a la página web

Los efectos en las páginas web deben ser utilizados con cuidado, no es recomendable el uso excesivo de efectos en una página web. El construir páginas web en las que existe un exceso de efectos puede provocar el objetivo contrario al deseado, puesto que puede provocar rechazo en los usuarios. Es por ello que antes de recurrir a estas técnicas de manera masiva se debe recapacitar qué efectos y dónde aplicarlos. Por lo tanto, se recomienda seguir los siguientes pasos:

- Seleccionar las características de las tipografías a utilizar y construir nuestras propias fuentes en función de su utilización en el proyecto web.

- Revisar los textos en los cuales se necesitan efectos especiales para aplicar sombras.

- Revisar los textos en los cuales se necesita no romper el flujo normal y aplicar la propiedad word-wrap.

- Los efectos que animan el texto con movimiento se presentarán en la sección 2.5 de este capítulo. Si necesita animar textos con estas técnicas, se deberá consultar dicho apartado.

2.3. Trabajar con marcos

En esta sección se presentan los marcos o frames, tecnología que estuvo hace años prácticamente en todas las páginas web. Hoy en día, es una tecnología obsoleta que ha sido sustituida por los *iframes* o llamadas AJAX recargadas utilizando el DOM.

2.3.1. Dónde utilizar los marcos

La ventana del navegador puede ser dividida en distintos *frames* o marcos, de modo, que cada uno de estos *frames* puede contener un documento en el que mostrar contenido diferente. Conceptualmente sería dividir la ventana en diferentes espacios donde se cargan diferentes páginas web. En los primeros años de la web era común desarrollar páginas web utilizando *frames,* pero hoy en día es una tecnología obsoleta y poco recomendada por sus problemas de usabilidad y accesibilidad.

2.3.2. Limitaciones de los marcos

Hoy en día son más las desventajas que las ventajas que aportan los marcos y es por esa circunstancia por lo que han desaparecido del desarrollo de aplicaciones web modernas. No obstante, a continuación se van a enumerar las ventajas y desventajas de esta técnica. Las ventajas de utilizar marcos son los siguientes:

- Mantenimiento ordenado de los contenidos.

- Estructura fija del sitio.

Los inconvenientes de utilizar marcos son los siguientes:

- Perjudican la usabilidad y la accesibilidad.
- La división de la ventana ocupa espacio que dificultad incluir nuevos elementos.

Los marcos surgen para poder refrescar secciones de las páginas web dejando fijas otras. No obstante, esto está hoy más que superado con AJAX y la manipulación del DOM, puesto que se consiguen refrescar solo las partes del documento que son necesarias, en lugar de tener que cargar toda la página completa.

2.3.3. Alternativas a los marcos

En la actualidad existen varias alternativas a la utilización de marcos. Las principales alternativas son:

- Utilización del elemento *iframe*.
- Utilización del elemento *embed*.
- Utilización de AJAX que manipule el DOM.

Los *iframes* especifican un marco en línea (*iframe*, *inline frame*) permitiendo insertar un documento dentro del documento actual. Los atributos del elemento *iframe* son los siguientes:

- **Sandbox**. Añade un conjunto de restricciones al contenido de un *iframe*. Si no se especifica, se prohíben los *scripts*, envío de formularios, apertura de ventanas emergentes y otras restricciones. Algunas de las acciones que se pueden permitir de modo individual son las siguientes:

  — **allow-scripts**. Se autoriza la ejecución de *scripts*.

  — **allow-forms**. Se autoriza el envío de formularios.

  — **allow-same-origin**. El objeto es considerado del mismo origen de modo que se puede acceder a recursos privados tales como *cookies*.

  — **allow-top-navigation**. Se autoriza modificar la ventana superior.

  — **allow-popups**. Se autorizan las ventanas emergentes.

- **src**. Especifica la dirección del archivo externo.
- **width**. Especifica la anchura del contenido insertado.
- **height**. Especifica la altura del contenido insertado.

En el Ejemplo 2.18 se muestra el uso de un *iframe* en el que se accede a una página diferente en la que se ha especificado el *width* y el *height* del contenedor de dicha página, es decir, se está especificando en qué espacio estará incrustada la página a la que se hace referencia en el *iframe*.

```
<!DOCTYPE html>
<html lang="es">
  <head>
    <meta charset="UTF-8" />
    <title>Embedding Paraninfo</title>
  </head>
  <body>
    <iframe width="100%" height="300" src=http://www.paraninfo.es
name="iframe"></iframe>
  </body>
</html>
```

Ejemplo 2.18. Utilización del elemento *iframe*.

El elemento **embed** permite definir un contenedor para una aplicación externa o contenido interactivo. Se trata de una etiqueta nueva en HTML5 y está compuesta por los siguientes atributos:

- **src**. Especifica la dirección del recurso externo.

- **type**. Especifica el *media type*.

- **height**. Especifica la altura del contenedor.

- **width**. Especifica la anchura del contenedor.

En el Ejemplo 2.19 se muestra la utilización del elemento **embed**. En este ejemplo se ha enlazado una animación desarrollada con Adobe Flash que es una batería de música que puede ser tocada. No obstante, para el usuario será transparente y pensará que dicho elemento es parte de la web que nosotros estamos desarrollando.

```
<!DOCTYPE html>
<html lang="en">
  <head>
    <meta charset="UTF-8">
    <title>Embedding Flash Movie</title>
  </head>
```

```
<body>
  <embed width="800" height="650" type="application/x-
shockwave-flash" src="http://www.lumenstudios.com.br/bateria_
virtual.swf"></embed>
  </body>
</html>
```

Ejemplo 2.19. Utilización del elemento *embed*.

2.4. Trabajar con ventanas

El objeto `window` de JavaScript representa una ventana abierta en un navegador. De hecho, `window` es el objeto principal del cual heredan los demás objetos como si fueran propiedades suyas. Se crea un objeto de este tipo para
cada ventana que pueda ser lanzada desde la página web. Algunas de las propiedades más interesantes del objeto `window` son las siguientes:

- **window.closed.** Retorna un valor booleano indicando si una ventana está
  cerrada o no. En el Ejemplo 2.20 se muestra cómo se dispone de la referencia de una ventana `referencia_window` a la cual se consulta si está
  cerrada o no. El mensaje se muestra en el documento de la ventana sobre
  la que se ejecuta el código.

```
<!DOCTYPE html>
<html lang="en">
  <head>
    <meta charset="UTF-8" />
    <title>Verificación de Ventana</title>
    <script type="text/javascript">
      let referencia_window;

      function abrirVentana() {
        referencia_window = window.open("", "_blank",
"width=200,height=100");
      }

      function verificarVentana() {
        if (referencia_window.closed) {
          document.getElementById("resultado").innerHTML =
"Ventana cerrada";
        } else {
          document.getElementById("resultado").innerHTML =
            "Ventana aún abierta";
```

```
      }
     }
    </script>
   </head>
   <body>
     <button onclick="abrirVentana()">Abrir Ventana</button>
     <button onclick="verificarVentana()">Verificar estado de la
ventana</button>

     <div id="resultado"></div>
   </body>
</html>
```

Ejemplo 2.20. Utilización de *window.closed*.

- **window.document**. Retorna el objeto `document`, el cual contiene el documento DOM del documento que está cargado en la ventana.

- **window.frameElement**. Retorna el elemento en el cual la ventana está em-
  bebida. En el Ejemplo 2.21 se muestra la utilización de este elemento, el
  cual si existe se modificará su atributo `src`.

```
<!DOCTYPE html>
<html lang="en">
  <head>
    <meta charset="UTF-8" />
    <title>Cambiar Iframe desde la Página Principal</title>
  </head>
  <body>
    <iframe id="myIframe" src="about:blank" width="400"
height="300"></iframe>
    <button onclick="myFunction()">Cambiar URL del Iframe</button>

    <script>
      function myFunction() {
        var frame = document.getElementById("myIframe");
        if (frame) {
          frame.src = "https://www.paraninfo.es";
        }
      }
    </script>
  </body>
</html>
```

Ejemplo 2.21. Utilización de la propiedad *window.frameElement*.

- **window.frame**. Retorna un array de objetos que representa a todos los elementos iframe en la ventana actual. En el Ejemplo 2.22 se muestra la utilización de la propiedad `window.frames`. En este ejemplo se almacenan en la variable frames todos los iframes de los que dispone la página web para posteriormente, haciendo uso de un bucle `for` poder modificar en cada frame su propiedad `location` por la dirección http://www.google.es.

```html
<!DOCTYPE html>
<html lang="en">
 <head>
  <meta charset="UTF-8" />
  <title>Modificar Iframes</title>
 </head>
 <body>
  <iframe src="about:blank" width="400" height="300"></iframe>
  <iframe src="about:blank" width="400" height="300"></iframe>
  <button onclick="modifyFrames()">
   Cambiar URL de los Iframes a Paraninfo.es
  </button>

  <script>
   function modifyFrames() {
    const frames = window.frames;
    for (let i = 0; i < frames.length; i++) {
     frames[i].location = "http://www.paraninfo.es";
    }
   }
  </script>
 </body>
</html>
```

Ejemplo 2.22. Utilización de la propiedad *window.frames*.

- **window.history**. Retorna el objeto history, el cual contiene las URL visitadas por el usuario (dentro de una ventana del navegador). En el Ejemplo 2.23 se muestran la propiedad `length` del objeto history, el cual permite conocer el número de URL visitadas y los métodos back, foward y go que permiten desplazarse por el historial de navegación de la ventana. El método back se moverá a la URL anterior, el método foward se desplazará a la URL siguiente (debe haber ido hacia atrás) y el método go se desplaza el número de páginas hacia detrás (números negativos) o hacia delante (números positivos).

```
<!DOCTYPE html>
<html lang="en">
 <head>
  <meta charset="UTF-8" />
  <title>Historial de Navegación</title>
 </head>
 <body>
  <button onclick="goBack()">Ir atrás</button>
  <button onclick="goForward()">Ir adelante</button>
  <button onclick="goBackTwoPages()">Ir 2 páginas atrás</button>

  <script>
   function goBack() {
    window.history.back(); // Vuelve a la URL anterior.
   }

   function goForward() {
    window.history.forward(); // Se desplaza hacia la URL
siguiente.
   }

   function goBackTwoPages() {
    window.history.go(-2); // Se desplaza dos páginas hacia
atrás.
   }

   // Mostrar el número de páginas en el historial del
navegador.
   const paginas = window.history.length;
   console.log("Número de páginas en el historial: " + paginas);
  </script>
 </body>
</html>
```

Ejemplo 2.23. Utilización de la propiedad *window.history*.

- **window.innerWidth, window.innerHeight.** Retorna la altura y anchura de la ventana, no incluyendo la barra de tareas ni *scrollbars*.

- **window.length.** Retorna cuantos elementos *iframe* hay en la ventana actual.

- **window.location.** Retorna un objeto con la información sobre la URL actual. En el Ejemplo 2.24 se muestra la utilización de este objeto para acceder a dos de sus propiedades.

```
<!DOCTYPE html>
<html lang="en">
 <head>
   <meta charset="UTF-8" />
   <title>Información de Location</title>
 </head>
 <body>
   <p>Host: <span id="host"></span></p>
   <p>URL Completa: <span id="href"></span></p>

   <button onclick="getLocationInfo()">Obtener información de
Location</button>

   <script>
    function getLocationInfo() {
      document.getElementById("host").innerText = window.
location.host;
        document.getElementById("href").innerText = window.
location.href;
    }
   </script>
 </body>
</html>
```

Ejemplo 2.24. Utilización de la propiedad *window.location*.

- **window.name.** Permite obtener o modificar el nombre de la ventana.

- **window.navigator.** Retorna el objeto navegador. Por ejemplo, este objeto tiene un objeto denominado `geolocation` que permite obtener posiciones de dónde se encuentra el dispositivo.

- **window.opener.** Retorna una referencia a la ventana que abrió o creó la ventana actual. En el Ejemplo 2.25 se muestra la utilización de la propiedad `window.opener` para escribir en el documento de la ventana que lanzó (abrió) la ventana *refWindow*.

```
<!DOCTYPE html>
<html lang="en">
 <head>
   <meta charset="UTF-8" />
   <title>Ventana de Origen</title>
 </head>
 <body>
   <button onclick="openWindow()">Abrir Nueva Ventana</button>
```

```
<script>
  function openWindow() {
    const refWindow = window.open("", "refWindow",
"width=200,height=200");
    refWindow.opener.document.write(
      "<p>Esta es la ventana que lanzó esta ventana</p>"
    );
  }
</script>
</body>
</html>
```

Ejemplo 2.25. Utilización de la propiedad *window.opener*.

- **window.outerWidth, window.outerHeight.** Retorna la anchura externa de una ventana, incluyendo la barra de tareas y los *scrollbars*.

- **window.pageXOffset, window.pageYOffset.** Retorna los valores en píxeles de los movimientos en horizontal y vertical del *scroll.*

- **window.parent.** Retorna la ventana de la que proviene la ventana actual.

- **window.screen.** Retorna la referencia al objeto pantalla asociado a la ventana.

- **window.screenX, window.screenY.** Retorna las coordenadas de la ventana respecto a la pantalla en píxeles.

- **window.self.** Retorna una referencia a la propia ventana.

- **window.top.** Retorna una referencia a la ventana principal.

2.4.1. Creación de varias ventanas

La creación de diferentes ventanas se realiza a través de los métodos asociados al objeto window. Los métodos del objeto pueden ser clasificados en la siguiente tipología:

Métodos relacionados con intervalo o con tiempo

- **setTimeout.** Se ejecuta una función tras haber transcurrido un tiempo indicado en milisegundos.

- **clearTimeout.** Evita que se ejecute la función setTimeout.

- **setInterval.** Invoca una función tras haber transcurrido un intervalo de tiempo indicado en milisegundos.

- **clearInterval.** Evita que se ejecute la función setInterval.

Métodos relacionados con la creación y uso de ventanas o cuadros de diálogo

- **alert.** Crea una ventana de alerta con su mensaje y botón de "OK". En el Ejemplo 2.26 se muestra la invocación del método `alert`, el cual muestra la propiedad `hostname` del objeto `location`.

```html
<!DOCTYPE html>
<html lang="en">
  <head>
    <meta charset="UTF-8" />
    <title>Hostname Alert</title>
  </head>
  <body>
    <script>
      alert(location.hostname);
    </script>
  </body>
</html>
```

Ejemplo 2.26. Utilización del método *alert*.

- **confirm.** Crea una ventana de confirmación con un mensaje y dos botones. En el Ejemplo 2.27 se muestra la utilización del método confirm. En concreto se genera el menú de confirmación y según la respuesta del usuario se mostrará un mensaje u otro.

```html
<!DOCTYPE html>
<html lang="en">
  <head>
    <meta charset="UTF-8" />
    <meta name="viewport" content="width=device-width, initial-scale=1.0" />
    <title>Confirm Example</title>
  </head>
  <body>
    <script>
      if (confirm("Presiona algún botón.")) {
        alert("Le diste al botón OK");
      } else {
        alert("Le diste al botón Cancel");
      }
    </script>
  </body>
</html>
```

Ejemplo 2.27. Utilización del método *confirm*.

- **print.** Abre el cuadro de diálogo de impresión del navegador.

- **open.** Permite crear una nueva ventana con las dimensiones especificadas y algunas opciones extras. Los argumentos que recibe este método son los siguientes:

  — **URL.** Indica qué página se va a abrir en la nueva ventana.

  — **name.** Este parámetro es optativo y tiene dos funcionalidades: especifica el objetivo de la ventana que se crea (donde se cargará la ventana) o crea el nombre de la ventana. Los valores que puede recibir son:

    ✓ **_blank.** La URL es cargada en una nueva ventana. Esta es la opción por defecto.

    ✓ **_parent.** La URL es cargada dentro del *frame* padre.

    ✓ **_selft.** La URL es cargada en la ventana actual.

    ✓ **_top.** La URL es cargada en cualquier *frameset* que pueda ser cargado.

    ✓ **Nombre de la ventana.** Se puede especificar el nombre de la ventana.

  — **specs.** Este parámetro es optativo y es un conjunto de elementos separados por coma. Los valores que son soportados son los siguientes:

    ✓ **fullscreen=yes|no|1|0.** Especifica si se muestra o no el navegador en modo pantalla completa. Por defecto, la opción es no.

    ✓ **height=pixels.** La altura de la ventana. El valor por defecto es 100.

    ✓ **width=pixels.** La anchura de la ventana. El valor por defecto es 100.

    ✓ **left=pixels.** La posición izquierda de la ventana. No se pueden utilizar valores negativos.

    ✓ **top=pixels.** La posición superior de la ventana. Los valores negativos no son permitidos.

    ✓ **location=yes|no|1|0.** Especifica si se muestra o no el campo de la dirección URL.

    ✓ **menubar=yes|no|1|0.** Especifica si se muestra o no la barra de menú.

    ✓ **scrollbars=yes|no|1|0.** Especifica si se muestran o no las barras de *scroll*.

✓ **status=yes|no|1|0**. Especifica si se añade la barra de estado.

✓ **titlebar=yes|no|1|0**. Especifica si se muestra la barra de título.

✓ **toolbar=yes|no|1|0**. Especifica si se muestra la barra de herramientas del navegador.

— **replace**. Si desea que se puedan pisar las ventanas entre sí, es un valor booleano.

En el Ejemplo 2.28 se muestra la creación de una ventana a la cual se dejan los parámetros URL y name vacíos y solamente se crea con unas dimensiones de 200 × 200.

```html
<!DOCTYPE html>
<html lang="en">
  <head>
    <meta charset="UTF-8" />
    <title>Ejemplo de ventana nueva</title>
    <script>
      function openNewWindow() {
        const refWindow = window.open("", "", "width=200,height=200");
        refWindow.document.write("<h1>Bienvenido a la nueva
ventana</h1>");
        refWindow.document.write(
          "<p>Esta es una ventana abierta desde la principal.</p>"
        );
      }
    </script>
  </head>
  <body>
    <button onclick="openNewWindow()">Abrir nueva ventana</
button>
  </body>
</html>
```

Ejemplo 2.28. Utilización del método *window.open*.

- **prompt**. Crea un cuadro de diálogo con un mensaje inicial y permite recibir un parámetro por parte del usuario. Dicho parámetro puede inicializarse para que el usuario solamente deba confirmar (aunque pueda modificarlo si es necesario). El resultado proporcionado por el usuario puede ser almacenado para utilizarse posteriormente.

```
<!DOCTYPE html>
<html lang="en">
  <head>
    <meta charset="UTF-8" />
    <title>Ejemplo con prompt</title>
    <script>
      function askName() {
        const nombre = prompt("¿Cuál es tu nombre?", "James Bond");
        if (nombre) {
          document.getElementById("resultado").innerHTML =
            "Hola " + nombre + ", ¿Alguna misión nueva?";
        } else {
          document.getElementById("resultado").innerHTML =
            "¡Hola, agente desconocido!";
        }
      }
    </script>
  </head>
  <body onload="askName()">
    <h2>Agente secreto</h2>
    <p id="resultado"></p>
  </body>
</html>
```

Ejemplo 2.29. Utilización del método *prompt*.

- **moveBy.** Desplaza la ventana la cantidad de píxeles que se indique. En el Ejemplo 2.30 se muestran dos funciones que permiten crear y mover una ventana. La función `abrirVentana` es la encargada de crear una ventana de la cual se almacenará una referencia en la variable `refWindow`. Por otro lado, la función `moverVentana` lo que hace es desplazar la ventana utilizando el método `moveBy`.

```
<!DOCTYPE html>
<html lang="en">
  <head>
    <meta charset="UTF-8" />
    <title>Manejo de Ventanas</title>
    <script>
      let refWindow;

      function abrirVentana() {
        refWindow = window.open("", "", "width=200, height=200");
        refWindow.document.write(`<p>Ventana abierta</p>`);
      }
```

```
    function moverVentana() {
      if (refWindow && !refWindow.closed) {
        refWindow.moveBy(250, 250);
      } else {
        alert("Primero debes abrir la ventana");
      }
    }
  </script>
</head>
<body>
  <button onclick="abrirVentana()">Abrir Ventana</button>
  <button onclick="moverVentana()">Mover Ventana</button>
</body>
</html>
```

Ejemplo 2.30. Utilización del método *window.moveBy*.

- **moveTo.** Desplaza la ventana hacia la posición que quieras desde la posición inicial, es decir, la esquina superior izquierda de la pantalla.

- **resizeTo.** Redimensiona la ventana seleccionada con las dimensiones especificadas. En el Ejemplo 2.31 se muestran dos funciones que permiten crear y mover una ventana. La función `abrirVentana` es idéntica a la del ejemplo anterior. Por otro lado, la función `redimensionarVentana` lo que hace es desplazar la ventana utilizando el método `resizeTo`.

```
<!DOCTYPE html>
<html lang="en">
  <head>
    <meta charset="UTF-8" />
    <title>Manejo de Ventanas</title>
    <script>
      let refWindow;

      function abrirVentana() {
        refWindow = window.open("", "", "width=200, height=200");
        refWindow.document.write(`<p>Ventana abierta</p>`);
        refWindow.document.close();
      }

      function redimensionarVentana() {
        if (refWindow && !refWindow.closed) {
          refWindow.resizeTo(250, 250);
        } else {
```

```
      alert("Primero debes abrir la ventana.");
    }
  }
  </script>
 </head>
 <body>
  <button onclick="abrirVentana()">Abrir Ventana</button>
  <button onclick="redimensionarVentana()">Redimensionar
Ventana</button>
 </body>
</html>
```

Ejemplo 2.31. Utilización del método *window.resizeTo*.

- **Close**. Cierra la ventana. En el Ejemplo 2.32 se muestra una función
  cerrarVentana que se encarga de cerrar la ventana que esté ligada con la
  variable refWindow.

```
<!DOCTYPE html>
<html lang="en">
 <head>
  <meta charset="UTF-8" />
  <title>Cerrar Ventana</title>
 </head>
 <body>
  <button id="openWindow">Abrir Ventana</button>
  <button id="closeWindow">Cerrar Ventana</button>

  <script>
   let refWindow;

   document.getElementById("openWindow").
addEventListener("click", () => {
     refWindow = window.open("", "", "width=200,height=200");
     refWindow.document.write("<p>Ventana abierta</p>");
   });

   document
     .getElementById("closeWindow")
     .addEventListener("click", cerrarVentana);

   function cerrarVentana() {
    if (refWindow) {
     refWindow.close();
    } else {
```

```
        alert("No hay ninguna ventana abierta para cerrar.");
      }
    }
  </script>
 </body>
</html>
```

Ejemplo 2.32. Utilización del método *window.close*.

2.4.2. Interactividad entre varias ventanas

La interactividad entre ventanas se realiza a través de las propiedades y métodos del objeto `window`. La comunicación entre ventanas se puede realizar a través del método `window.open`, pero conlleva abrir la ventana con un *popup,* lo que provoca que en la mayoría de los navegadores esté bloqueado y la comunicación sea inexistente, puesto que nunca se llegan a abrir las ventanas. La manera de evitar este comportamiento es abrir las ventanas a través de un enlace (elemento a) y utilizar la propiedad `window.opener`.

En el Ejemplo 2.33 se muestra el código relativo al HTML de la ventana padre, la cual creará la ventana con la que se comunicará. La ventana es creada utilizando el enlace y se abrirá el fichero `2.34.html`. Posteriormente, se han declarado dos funciones (`popupAbierto` y `popupCerrado`) que permiten recibir el mensaje desde la ventana hija y el otro informa que se ha cerrado. Estas funciones escriben un mensaje en la consola del navegador.

```
<!DOCTYPE html>
<html lang="en">
 <head>
  <meta charset="UTF-8" />
  <title>Ventana Control</title>
  <script>
    let ventanaHijo;
    let intervalo;

    function abrirVentana() {
      ventanaHijo = window.open("2.34.html", "_blank");
      if (ventanaHijo) {
        popupAbierto(ventanaHijo);

        // Revisar cada segundo si la ventana está cerrada
        intervalo = setInterval(function () {
          if (ventanaHijo.closed) {
```

```
            popupCerrado();
            clearInterval(intervalo); // Detener la comprobación
          }
        },1000);
      }
      return false; // Evitar que el enlace se abra de la forma
  predeterminada
      }

      function popupAbierto(windowHijo) {
        console.log("Se ha abierto la ventana.", windowHijo);
      }

      function popupCerrado() {
        console.log("Ventana Cerrada");
      }
    </script>
  </head>
  <body>
    <a href="2.34.html" onclick="return abrirVentana();">Abrir
  ventana</a>
  </body>
</html>
```

Ejemplo 2.33. Comunicación entre ventanas. Ventana padre.

En el Ejemplo 2.34 se muestra el fichero `2.34.html`. Este fichero contiene un *iframe* sobre el que se realizará la comunicación también. Lo primero que hace esta ventana al cargarse es ejecutar el método `popupAbierto` con el argumento `window` (el objeto de la ventana) utilizando la propiedad `opener` que hace referencia a la ventana que abrió esta ventana. De este modo, desde la ventana padre se realizará la invocación de su función `popupAbierto`. Después de esto, se declara una función denominada `usuarioAccion`, que envía a la ventana padre la invocación de la función `popupCerrado` y, acto seguido, se cerrará a través del método `close`. Observe que la invocación de la función `usuarioAccion` no se lleva a cabo desde esta ventana, sino que se hará desde el fichero iframe.html.

```
<!DOCTYPE html>
<html lang="en">
  <head>
    <meta charset="UTF-8" />
    <title>Ventana Hija</title>
```

```
    </head>
    <body>
      <button onclick="usuarioAccion();">Cerrar Ventana</button>
      <script>
        if (window.opener) {
          window.opener.popupAbierto(window);
        }

        function usuarioAccion() {
          if (window.opener) {
            window.opener.popupCerrado();
          }
          window.close();
        }
      </script>
    </body>
</html>
```

Ejemplo 2.34. Comunicación entre ventanas. Ventana hija.

En el Ejemplo 2.35 se muestra el contenido del fichero `iframe.html`. En este caso, la página dispone de un enlace que dispara a la función `accionOk` de JavaScript. La función `accionOk` realiza una invocación a la función de la ventana padre llamada `usuarioAccion`.

```
<html>
<head>
  <meta charset="UTF-8"></meta>
</head>
<body>
  <a href="javascript:accionOk()" target="_self">Hago la acción
y cierro la ventana</a>
    <script>
      function accionOk(){
        window.parent.usuarioAccion();
      }
</script>
</body>
<html>
```

Ejemplo 2.35. Comunicación entre ventanas. *iframe*.

2.5. Otros efectos

En el desarrollo de aplicaciones web también pueden construirse diferentes efectos de animación. Hoy en día existen tres tipos de efectos según cómo se desarrollen.

- Efectos con HTML.

- Efectos con CSS.

- Efectos con capas.

2.5.1. Efectos con HTML

Los efectos con HTML pertenecen a un conjunto de técnicas obsoletas que están totalmente desaconsejados por los estándares y por la comunidad de desarrolladores. Dentro de este conjunto de efectos obsoletos, teníamos los elementos `marquee` y `blink`. El primero de ellos permitía mover un elemento de HTML por la pantalla con algunas configuraciones de velocidad y sentido de desplazamiento. El otro efecto HTML obsoleto, `blink`, permitía poner un elemento parpadeante por la pantalla.

Se repite para que quede claro al lector que estas técnicas **NO** deben ser utilizadas hoy en día, puesto que son incompatibles, poco accesibles y existen técnicas alternativas que son más eficientes y estandarizadas para conseguir estos efectos.

2.5.2. Efectos con CSS

El estándar CSS3 permite crear efectos y animaciones que están a la altura de cualquier otra tecnología teniendo como principal ventaja su estandarización en la web. Esta sección está dividida en tres secciones:

- Transformaciones 2D y 3D.

- Transiciones.

- Animaciones.

Transformaciones en 2D

Las transformaciones de un elemento utilizando solo CSS son uno de los principales avances de la versión CSS3. Utilizar transformaciones en 2D es tan simple como escribir cualquier otra propiedad de CSS. La sintaxis de las transformaciones en 2D es la mostrada en el Ejemplo 2.36.

```
transform: function(parámetros);
```

Ejemplo 2.36. Sintaxis de la propiedad *transform*.

No obstante, a muchas de las propiedades de última generación de CSS hay que indicarles un prefijo del vendedor (navegador) para que puedan funcionar en nuestro navegador, puesto que aún se encuentran en desarrollo y no están estandarizadas todavía. Esto es así, ya que muchas características novedosas han pasado por un nombre diferente en la fase de desarrollo hasta que reciben el nombre oficial. Este prefijo aplicado a la propiedad `transform` se utilizaría del siguiente modo:

```
-moz-transform: function(parámetros);
-webkit-transform: function(parámetros);
-o-transform: function(parámetros);
```

Ejemplo 2.37. Sintaxis de la propiedad *transform* (II).

Las funciones que se pueden aplicar con la propiedad `transform` son las siguientes:

- **scale(x,y)**. Aumenta o disminuye el tamaño del elemento; su valor normal es 1. Valores superiores aumentan su tamaño e inferiores lo disminuyen. Así, 1.5 hará que se vea un 50 % más grande y 0.5 un 50 % más pequeño; si solo se coloca un valor, este se aplica a ambas direcciones, en caso contrario, el primero indica el ancho y el segundo el alto. Además, se dispone de la posibilidad de utilizar `scaleX(x)` y `scaleY(y)` que solamente afectan al ancho (X) o al alto (Y). En el Ejemplo 2.38 se muestra el fragmento de CSS3 que corresponde con el escalado de diversos elementos (en los que se encuentran imágenes) cuando se sitúa el cursor sobre dicho elemento. Es decir, al haber aplicado la transformación en la pseudoclase hover se consigue ver la animación en 2D de los contenedores sobre los que se asignan las reglas CSS.

```
<!DOCTYPE html>
<html lang="en">
  <head>
    <meta charset="UTF-8" />
    <title>Efecto Escala con CSS</title>
    <style>
```

```css
    div {
      width: 100px;
      height: 100px;
      margin: 20px;
      background-color: #3498db;
      display: inline-block;
      transition: transform 0.3s; /* Transición suave */
    }

    /* Estilos de transformación */
    #scaleEffect-1:hover {
      transform: scale(1.2);
    }
    #scaleEffect-2:hover {
      transform: scale(0.8);
    }
    #scaleEffect-3:hover {
      transform: scale(1.5, 2);
    }
    #scaleEffect-4:hover {
      transform: scale(2, 1.5);
    }
    #scaleEffect-5:hover {
      transform: scaleX(2);
    }
    #scaleEffect-6:hover {
      transform: scaleY(2);
    }
    #scaleEffect-7:hover {
      transform: scale(1.2);
      zoom: 1.5;
    }
    #scaleEffect-8:hover {
      transform: scale(0.8);
      zoom: 0.5;
    }
  </style>
</head>
<body>
  <!-- Bloques de div para visualizar los efectos -->
  <div id="scaleEffect-1"></div>
  <div id="scaleEffect-2"></div>
  <div id="scaleEffect-3"></div>
  <div id="scaleEffect-4"></div>
  <div id="scaleEffect-5"></div>
  <div id="scaleEffect-6"></div>
  <div id="scaleEffect-7"></div>
  <div id="scaleEffect-8"></div>
</body>
</html>
```

Ejemplo 2.38. Utilización de la propiedad *transform* con la función *scale*.

- **rotate(a)**. Gira un elemento de HTML. El valor se expresa en grados; si es positivo, gira en el sentido de las agujas del reloj; y si es negativo, en el sentido contrario.

Al igual que el ejemplo mostrado para la operación de escalar (*scale*) se puede crear una hoja de estilo en la cual se apliquen rotaciones cuando el cursor se sitúa sobre el elemento (Ejemplo 2.39).

```html
<!DOCTYPE html>
<html lang="en">
  <head>
    <meta charset="UTF-8" />
    <title>Efecto Rotación con CSS</title>
    <style>
      /* Estilos básicos para visualizar mejor */
      div {
        width: 100px;
        height: 100px;
        margin: 20px;
        background-color: #3498db;
        display: inline-block;
        transition: transform 0.3s; /* Transición suave */
      }

      /* Estilos de transformación */
      #rotateEffect-1:hover {
        transform: rotate(5deg);
      }
      #rotateEffect-2:hover {
        transform: rotate(-5deg);
      }
    </style>
  </head>
  <body>
    <!-- Bloques de div para visualizar los efectos -->
    <div id="rotateEffect-1">Rotar 5°</div>
    <div id="rotateEffect-2">Rotar -5°</div>
  </body>
</html>
```

Ejemplo 2.39. Utilización de la propiedad *transform* con la función *rotate* (II).

- **skew(a, b)**. *Skew* significa 'sesgar', es decir, 'inclinar', y esa es la funcionalidad que aporta esta función, la cual también utiliza ángulos como valor: el primero afecta al eje X (horizontal) y el segundo al eje Y (vertical). Además, se dispone de las variantes skewX(a) y skewY(a) que hacen lo mismo, pero solo sobre uno de los ejes. En la Figura 2.12 se muestra el resultado de aplicar todas las transformaciones con skew sobre cuatro contenedores diferentes.

```html
<!DOCTYPE html>
<html lang="en">
  <head>
    <meta charset="UTF-8" />
    <title>Efecto Skew con CSS</title>
    <style>
      /* Estilos básicos para visualizar mejor */
      div.skewBox {
        width: 100px;
        height: 100px;
        margin: 20px;
        background-color: #3498db;
        display: inline-block;
        transition: transform 0.3s; /* Transición suave */
      }

      /* Estilos de transformación */
      #skewEffect-1:hover,
      .active #skewEffect-1 {
        transform: skew(10deg);
      }
      #skewEffect-2:hover,
      .active #skewEffect-2 {
        transform: skew(-10deg);
      }
      #skewEffect-3:hover,
      .active #skewEffect-3 {
        transform: skew(20deg, -10deg);
      }
      #skewEffect-4:hover,
      .active #skewEffect-4 {
        transform: skew(-10deg, 20deg);
      }
      #skewEffect-5:hover,
      .active #skewEffect-5 {
        transform: skewX(10deg);
      }
      #skewEffect-6:hover,
      .active #skewEffect-6 {
        transform: skewY(10deg);
      }
    </style>
```

```
  <script>
    function activateSkews() {
      document.body.classList.add("active");
    }
  </script>
</head>
<body>
  <!-- Bloques de div para visualizar los efectos -->
  <div class="skewBox" id="skewEffect-1">Skew 10°</div>
  <div class="skewBox" id="skewEffect-2">Skew -10°</div>
  <div class="skewBox" id="skewEffect-3">Skew 20°, -10°</div>
  <div class="skewBox" id="skewEffect-4">Skew -10°, 20°</div>
  <div class="skewBox" id="skewEffect-5">SkewX 10°</div>
  <div class="skewBox" id="skewEffect-6">SkewY 10°</div>
  <button onclick="activateSkews()">Activar</button>
</body>
</html>
```

Ejemplo 2.40. Utilización de la propiedad *transform* con la función *skew*.

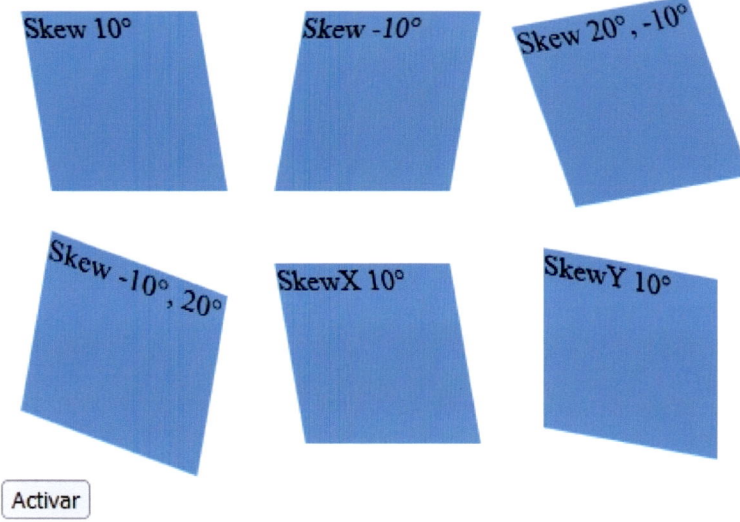

Figura 2.12. Utilización de la propiedad *transform* con la función *skew*.

- **translate(x, y)**. Desplaza el elemento: el primer valor lo hace en el eje horizontal y el segundo en el eje vertical. `translateX(x)` y `translateY(x)` hacen lo mismo, pero solo sobre uno de los ejes. En el Ejemplo 2.41 se muestra la aplicación de la hoja de estilo con la función `translate` que permite desplazar los elementos cuando se sitúa el cursor sobre el elemento.

```
<!DOCTYPE html>
<html lang="en">
  <head>
    <meta charset="UTF-8" />
    <title>Efecto Translate con CSS</title>
    <style>
      /* Estilos básicos para visualizar mejor */
      div.translateBox {
        width: 100px;
        height: 100px;
        margin: 20px;
        background-color: #e74c3c;
        display: inline-block;
        transition: transform 0.3s; /* Transición suave */
      }

      /* Estilos de transformación */
      #translateEffect-1:hover {
        transform: translate(20px, -10px);
      }
      #translateEffect-2:hover {
        transform: translateX(100px);
      }
      #translateEffect-3:hover {
        transform: translateY(20px);
      }
    </style>
  </head>
  <body>
    <!-- Bloques de div para visualizar los efectos -->
    <div class="translateBox" id="translateEffect-1">Translate
20px, -10px</div>
    <div class="translateBox" id="translateEffect-2">TranslateX
100px</div>
    <div class="translateBox" id="translateEffect-3">TranslateY
20px</div>
  </body>
</html>
```

Ejemplo 2.41. Utilización de la propiedad *transform* con la función *translate*.

- **matrix(a, c, b, d, x, y)**. Es una combinación de todos ellos. Es bastante complicado de utilizar por los usuarios y normalmente es utilizada por las herramientas asistentes en la creación de transformaciones y animaciones en la web. En el Ejemplo 2.42 se muestran los equivalentes de las transformaciones anteriores utilizando la función `matrix`.

```
matrix (1, 0, 0, 1, x, y) equivale a translate x e y
matrix (x, 0, 0, y, 0, 0) equivale a scale x e y
matrix (1, y, x, 1, 0, 0) equivale a skew x e y
```

Ejemplo 2.42. Utilización de la propiedad *transform* con la función *matrix*.

Por defecto, un elemento sin deformaciones tendría asociada la función `matrix(1, 0, 0, 1, 0px, 0px)`.

Transformaciones en 3D

CSS3 permite interactuar además de con efectos en 2D con efectos de transformación en 3D. En esta sección se va a describir la construcción de las seis caras de un cubo en 3D para comprender cómo funcionan las transformaciones en 3D. El documento HTML que servirá de base para la construcción del cubo es el mostrado en el Ejemplo 2.43.

```
<!DOCTYPE html>
<html lang="en">
  <head>
    <meta charset="UTF-8" />
    <title>Cubo 3D</title>
  </head>
  <body>
    <div>
      <button onclick="rotate('X', 20)">Girar X +</button>
      <button onclick="rotate('X', -20)">Girar X -</button>
      <button onclick="rotate('Y', 20)">Girar Y +</button>
      <button onclick="rotate('Y', -20)">Girar Y -</button>
    </div>

    <div class="escena">
      <div class="cubo">
        <div class="cara" id="frente"></div>
        <div class="cara" id="atras"></div>
        <div class="cara" id="izquierda"></div>
        <div class="cara" id="derecha"></div>
        <div class="cara" id="superior"></div>
        <div class="cara" id="inferior"></div>
      </div>
    </div>
  </body>
</html>
```

Ejemplo 2.43. Creación de un cubo 3D. HTML.

Observe que cada cara ha sido distinguida con un identificador diferente que va a permitir controlar cada una de las caras de manera individual y una clase en común para generar el CSS básico (cubo). Tanto el cubo, como cada cara, tendrán un ancho y alto igual, así como cada cara tendrá una posición absoluta. Así que el estilo básico para el cubo es el mostrado en el Ejemplo 2.44.

```css
body {
  display: flex;
  flex-direction: column;
  align-items: center;
  justify-content: center;
  height: 100vh;
  background-color: #f2f2f2;
  overflow: hidden;
}
.escena {
  width: 200px;
  height: 200px;
  margin-top: 40px;
}
.cubo,
.cubo .cara {
  width: 200px;
  height: 200px;
  position: relative;
}
.cubo .cara {
  position: absolute;
  opacity: 0.6;
}
.cubo .cara#frente {
  background-color: red;
}
.cubo .cara#atras {
  background-color: green;
}
.cubo .cara#izquierda {
  background-color: yellow;
}
.cubo .cara#derecha {
  background-color: blue;
}
.cubo .cara#superior {
  background-color: orange;
}
.cubo .cara#inferior {
  background-color: fuchsia;
}
button {
  margin: 5px;
}
```

Ejemplo 2.44. Creación de un cubo 3D. CSS.

Para definir que un elemento va a someterse a transformaciones en 3D, hay que utilizar el atributo `transform-style` especificando el valor `preserve-3d`. Para conseguir una perspectiva interesante, se añade la propiedad `transform` con rotaciones.

```css
.escena {
    width: 200px;
    height: 200px;
    perspective: 1200px;
    margin-top: 40px;
}
.cubo {
    transform-style: preserve-3d;
    transform: rotateX(0) rotateY(90deg);
}
```

Ejemplo 2.45. Creación de un cubo 3D. Transformación en 3D.

Una vez que se ha definido el conjunto del cubo en una perspectiva, es necesario ir colocando cada una de las caras en 3D para que formen el cubo. En el Ejemplo 2.46 se muestra la implementación de las caras en 3D. En la Figura 2.13 se muestra el resultado de generar el cubo.

```css
.cubo .cara#frente {
    background-color: red;
    transform: rotateY(0deg) translateZ(100px);
}
.cubo .cara#atras {
    background-color: green;
    transform: rotateY(180deg) translateZ(100px);
}
.cubo .cara#izquierda {
    background-color: yellow;
    transform: rotateY(-90deg) translateZ(100px);
}
.cubo .cara#derecha {
    background-color: blue;
    transform: rotateY(90deg) translateZ(100px);
}
.cubo .cara#superior {
    background-color: orange;
    transform: rotateX(90deg) translateZ(100px);
}
.cubo .cara#inferior {
    background-color: fuchsia;
    transform: rotateX(-90deg) translateZ(100px);
}
```

Ejemplo 2.46. Creación de un cubo 3D. Transformación en 3D (II).

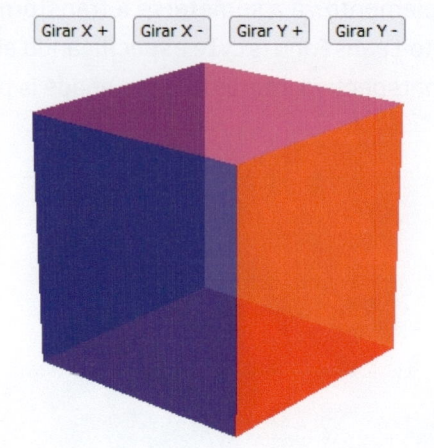

Figura 2.13. Resultado de crear un cubo en 3D.

Transiciones

Las transiciones permiten modificar una propiedad CSS de un estado a otro de un modo gradual y no en un salto brusco. Hay cuatro propiedades que permiten modificar las transiciones:

- **transition-property**. Sirve para indicar la propiedad en la que se quiere aplicar la transición. Por ejemplo: `transition-property: width;`.

- **transition-duration**. Indica el tiempo que dura la transición (por defecto es 0s). Por ejemplo: `transition-duration: 5s;`.

- **transition-timming-function**. Para indicar como varía la velocidad de la transición. Puede tomar los siguientes valores: `linear, ease, ease-in, ease-out, ease-in-out, cubic-bezier(x,x,x,x)`. Por defecto, se utiliza el efecto ease. Por ejemplo: `transition-timming-function: linear;`.

- **transition-delay**. Indica el tiempo que pasa hasta que comienza la transición. Por defecto es 0s. Por ejemplo: `transition-delay: 2s;`.

- **transition**. Para unificar las cuatro propiedades en una sola. Por ejemplo: `transition: width 5s linear 2s;`.

Las diferentes funciones que se pueden especificar en el parámetro `transition-timming-function` son las siguientes:

- **linear**. La transición se produce en forma de progresión lineal. Tarda lo mismo desde que empieza hasta que acaba.

- **ease**. La transición se produce de forma lenta al principio, luego más rápida y termina otra vez lenta. Esta es la configuración por defecto.

- **ease-in**. La transición comienza lenta y luego va más rápido.

- **ease-out**. La transición comienza rápida y termina lenta.

- **ease-in-out**. La transición comienza y acaba lenta. Igual que `ease`, pero de forma más notable.

- **cubic-bezier(n,n,n,n)**. Permite definir nuestro propio intervalo de progresión. El valor debe estar entre 0 y 1.

El uso de las transiciones se debe definir en el elemento origen, puesto que en el destino (final de la transición) solamente se debe definir el estado final que deberá tener la transición. En el Ejemplo 2.47 se muestra cómo se hace crecer un elemento `div` en su propiedad `width` una vez que se sitúa el cursor sobre el `div`.

```html
<!DOCTYPE html>
<html lang="en">
  <head>
    <meta charset="UTF-8" />
    <title>Transition Example</title>
    <style>
      #div1 {
        width: 50px;
        height: 50px;
        background: blue;
        transition: width 2s;
      }

      #div1:hover {
        width: 200px;
      }
    </style>
  </head>
  <body>
    <div id="div1"></div>
  </body>
</html>
```

Ejemplo 2.47. Utilización de la propiedad *transition* (I).

Los efectos de transición dan un juego increíble en la creación de efectos en la web y han sido una de las propiedades que ha explotado en mayor medida el uso de CSS3. Basados en el ejemplo anterior, si se desean realizar diversas transiciones, como pueden ser el color, una transformación, tamaño, etc., se puede definir la animación tal y como se muestra en el Ejemplo 2.48.

```html
<!DOCTYPE html>
<html lang="en">
  <head>
    <meta charset="UTF-8" />
    <title>Transformable Box Example</title>
    <style>
      .transformable-box {
        background: #e11e52;
        border-radius: 5px;
        color: #ffffff;
        font-size: 15px;
        font-weight: bold;
        height: 120px;
        margin: 5px;
        opacity: 0.4;
        padding: 10px;
        transition-duration: 1s, 1s, 1s, 1s, 1s, 1s;
        transition-property: width, height, transform, background,
opacity;
        width: 120px;
      }

      .transformable-box:hover {
        background: red;
        font-size: 30px;
        height: 110px;
        opacity: 1;
        transform: rotate(360deg);
        width: 170px;
      }
    </style>
  </head>
  <body>
    <div class="transformable-box">Hover me!</div>
  </body>
</html>
```

Ejemplo 2.48. Utilización de la propiedad *transition* (II).

Rotación 3D

La rotación en 3D permite hacer giros con perspectivas de modo animado. Se puede construir un efecto *flip* en el cual se realiza un giro en 3D del elemento. Esto se consigue con la función `translate` de la propiedad `transform`, con la que se puede cambiar la posición del elemento. Lo que se va a construir son tres efectos diferentes:

- Rota desde el centro.

- Rota desde el lateral y se desplaza.

- Rota desde el lateral.

La diferencia está en que el elemento del centro realiza la rotación sin salirse de su posición inicial. Las rotaciones son mostradas en el Ejemplo 2.49.

```html
<!DOCTYPE html>
<html lang="en">
  <head>
    <meta charset="UTF-8" />
    <title>Transformación 3D con Hover</title>
    <style>
      .bloque {
        width: 100px;
        height: 100px;
        margin: 20px;
        background-color: #e11e52;
        transition: transform 0.5s ease;
        display: inline-block; /* Para que estén en una sola línea */
      }
      .primer-bloque {
        transform: perspective(300px);
        transform-origin: 50% 50%;
      }
      .primer-bloque:hover {
        transform: perspective(300px) rotateY(-180deg);
      }
      .segundo-bloque {
        transform: perspective(300px);
        transform-origin: 100% 50%;
      }
      .segundo-bloque:hover {
        transform: perspective(300px) rotateY(-180deg)
  translateX(100%);
      }
      .tercer-bloque {
        transform: perspective(300px);
        transform-origin: 100% 50%;
      }

      .tercer-bloque:hover {
        transform: perspective(300px) rotateY(-180deg);
      }
```

```
    </style>
  </head>
  <body>
    <div class="bloque primer-bloque"></div>
    <div class="bloque segundo-bloque"></div>
    <div class="bloque tercer-bloque"></div>
  </body>
</html>
```

Ejemplo 2.49. Rotación 3D.

Animaciones

Las animaciones de CSS3 son la herramienta perfecta para animar cualquier elemento, para crear un efecto puntual o para crear un movimiento continuo de algún elemento (es decir, se pueden mover varios elementos de forma continuada pudiendo crear animaciones que antes solo se veían en herramientas de animación o con JavaScript). Las animaciones de CSS3 se especifican de modo diferente a la especificación de otros parámetros de CSS, debemos establecer en el parámetro animation, además de la duración de la animación, el número de repeticiones que hace cada keyframe de la animación. Es decir, se especifica qué propiedades tendrá en cada momento el elemento, pudiendo modificar por ejemplo: el color, la altura, la posición...

@keyframes es una regla de CSS3 similar a la regla @font-face. Esta propiedad también usa los prefijos de ciertos navegadores por motivos de compatibilidad. Esta regla precede a un contenedor que se abre y cierra con {}, es decir, pondremos la propiedad keyframes y dentro de las llaves su contenido.

```
/* Parámetro estándar */
@keyframes [Nombre del keyframes] {}

/* Parámetros según navegador */
@-webkit-keyframes [Nombre del keyfremes] {}/* Chrome y Safari
*/
@-moz-keyframes [Nombre del keyfremes] {}/* Mozilla */

/* Ejemplo de un keyframes */
@keyframes Ejemplo {
  0%{ width:100px }
  100%{ width:200px }
}
```

Ejemplo 2.50. Creación de animaciones con @keyframes.

Dentro del keyframes se deben especificar los keyframes de forma individual. En cada uno de estos keyframes se especifica el porcentaje del tiempo de la animación y el valor de las propiedades en ese momento temporal de la animación. Si la animación debe comenzar en un determinado estado, se debe añadir un keyframe con el porcentaje del tiempo de la animación en el que empieza (en el caso del inicio es el 0%), de esta forma se puede especificar que en cualquier momento de la animación cambien los parámetros (en el 30% de la animación o en el 50%, por ejemplo), hasta un máximo del 100%. Los puntos 0% y el 100% son necesarios y obligatorios para establecer el comienzo y el final de la animación. Las transiciones vistas anteriormente son una versión reducida de las animaciones en las que solo se definen los estados correspondientes al comienzo y el final de la animación (de ahí que no se pueden hacer animaciones complejas con las transiciones). En el Ejemplo 2.51 se describe una animación en la cual el elemento modifica su tamaño en el paso del tiempo, creciendo y decreciente progresivamente.

```html
<!DOCTYPE html>
<html lang="en">
  <head>
    <meta charset="UTF-8" />
    <title>Animación de Ejemplo</title>
    <style>
     @keyframes Ejemplo {
       0% { width: 10%; }
       33% { width: 20%; }
       66% { width: 60%; }
       100% { width: 10%; }
     }
     .animated-box {
       width: 10%; /* Valor inicial */
       height: 50px;
       background-color: #e11e52;
       animation: Ejemplo 5s infinite;
     }
    </style>
  </head>
  <body>
    <div class="animated-box"></div>
  </body>
</html>
```

Ejemplo 2.51. Creación de animaciones con @keyframes (II).

La propiedad animation puede contener distintos parámetros, tales como el nombre del keyframes en el cual se describe la animación, su duración, el número de repeticiones y la función de tiempo. En el Ejemplo 2.52 se muestra la sintaxis de la propiedad animation.

```
animation: [Nombre del keyframes] [Tiempo] [Número de
repeticiones] [Función de Tiempo];
```

Ejemplo 2.52. Sintaxis de la propiedad *animation*.

La propiedad animation tiene los siguientes parámetros:

- **Nombre del keyframes**. En este parámetro es donde se establece la relación de los keyframes con la animación.

- **Tiempo**. Este parámetro establece el tiempo que tarda en hacerse la animación en segundos (su unidad es segundos), es decir, si queremos que dure un segundo tenemos que poner 1s.

- **Repeticiones**. Con este parámetro se puede especificar con un número entero las veces que se repite la animación o hacer que se repita infinitamente estableciéndolo como infinite.

- **Función de tiempo**. Este parámetro establece la curva de aceleración de la transición, es decir, si empieza más rápido, despacio o es un avance lineal, sin variar la aceleración.

Este parámetro tiene varias funciones de tiempo preestablecida: lineal, ease, ease-in. Por defecto, usa el ease y es el más recomendado; consiste en un comienzo lento y una terminación lenta, acelerándose en la parte media. En el Ejemplo 2.53 se define un elemento div que se cambia de posición, aumenta y disminuye de tamaño y cambia de color.

```html
<!DOCTYPE html>
<html lang="en">
  <head>
    <meta charset="UTF-8" />
    <title>Animación con Cambio de Color</title>
    <style>
      .animacion div {
        width: 10%; /* Valor inicial */
        height: 60px;
        margin-left: 0%; /* Valor inicial */
```

```
      background: #0f0; /* Color inicial */
      animation: Ejemplo 10s infinite ease;
    }

    @keyframes Ejemplo {
      0% {
        width: 10%;
        background-color: #0f0;
      }
      33% {
        width: 20%;
        background-color: #f00; /* Cambiamos a rojo */
      }
      66% {
        width: 60%;
        background-color: #00f; /* Cambiamos a azul */
      }
      100% {
        width: 10%;
        background-color: #0f0; /* Volvemos al color inicial */
      }
    }
  </style>
  </head>
  <body>
   <div class="animacion">
    <div></div>
   </div>
  </body>
</html>
```

Ejemplo 2.53. Creación de una animación básica utilizando *animation*.

En el caso de que se deseen crear animaciones más complejas se suelen combinar animaciones de varios elementos. En el Ejemplo 2.54 se muestra el fragmento HTML correspondiente a una animación más compleja (que combina varios elementos). En este caso, se van a utilizar dos animaciones diferentes sobre dos elementos div con las clases progress y gloss. En esta animación puede observar que se han definido dos keyframes llamados animacion_ejemplo y animacion_barra respectivamente. En estos keyframes se han especificado las modificaciones para las propiedades width y left. Posteriormente, estos keyframes son ligados a las clases progress y gloss utilizando la propiedad animation en la cual se establecen las propiedades particulares de cada una de estas animaciones.

```
<!DOCTYPE html>
<html lang="en">
  <head>
    <meta charset="UTF-8" />
    <title>Animación Simplificada</title>
    <style>
      .animacion {
        width: 60%;
        height: 20px;
        margin: 50px auto;
        position: relative;
        background: #999;
      }

      .animacion .progres {
        position: absolute;
        top: 0;
        left: 0;
        height: 100%;
        background: red;
        animation: animacion_ejemplo 10s infinite ease;
      }

      @keyframes animacion_ejemplo {
        0% { width: 0; }
        100% { width: 100%; }
      }

      .animacion .gloss {
        position: absolute;
        top: 0;
        left: 0;
        width: 120%;
        height: 100%;
        background: rgba(0, 0, 255, 0.5);
        animation: animacion_barra 10s infinite ease;
      }

      @keyframes animacion_barra {
        0% { left: -20px; }
        100% { left: 0px; }
      }
    </style>
  </head>
```

```
  <body>
    <div class="animacion">
      <div class="progres"></div>
      <div class="gloss"></div>
    </div>
  </body>
</html>
```

Ejemplo 2.54. Animación compleja. HTML.

2.5.3. Efectos con capas

El desarrollo de efectos con capas ha experimentado una notable evolución con el paso de los años. Durante los primeros años de la web, estas animaciones se lograban principalmente con herramientas de Adobe, como Flash, que llegó a ser considerado un estándar no oficial en el diseño web. Sin embargo, la W3C ha trabajado incansablemente para estandarizar la web. Hoy día, al mencionar "efectos con capas", generalmente nos referimos a técnicas basadas en CSS que permiten trabajar con múltiples capas.

El efecto parallax crea una ilusión visual en la que la posición de un objeto parece cambiar dependiendo del ángulo o posición desde el que se observe, produciendo una sensación tridimensional. En el diseño web, este efecto se logra principalmente al desplazarse por la página (haciendo *scroll* hacia arriba o hacia abajo). El popular *scroll parallax* logra simular, en un espacio bidimensional, la impresión de que los elementos se desplazan a distintas velocidades, como si estuvieran en un espacio tridimensional.

Para implementar con éxito el efecto parallax, es esencial que el diseño de la página sea *responsive* o adaptativo. Esto significa que el contenido y el diseño de la página se reajustan automáticamente para adaptarse a cualquier tamaño de pantalla, independientemente del dispositivo desde el que se acceda. El primer paso en este proceso es diseñar una estructura HTML adecuada, sobre la cual se aplicarán las reglas de estilo para lograr el efecto parallax. Afortunadamente, es posible conseguir este efecto solo con CSS, sin necesidad de recurrir a JavaScript.

En el Ejemplo 2.55 se muestra el fragmento de código HTML en el cual se han amoldado las clases *module parallax parallax-1, parallax-2, parallax-3* y *container* de CSS.

```html
<!DOCTYPE html>
<html lang="en">
  <head>
    <meta charset="UTF-8" />
    <title>Parallax Example</title>
  </head>
  <body>
    <main>
      <section class="module parallax parallax-1">
        <div class="container">
          <h1>Título 1</h1>
        </div>
      </section>
      <section class="module content">
        <div class="container">
          <h2>Título 2</h2>
          <p>Lorem ipsum dolor sit amet, consectetur
adipisicing ….</p>
          <p>Lorem ipsum dolor sit amet, consectetur
adipisicing ….</p>
          <p>Lorem ipsum dolor sit amet, consectetur
adipisicing …</p>
          <p>Lorem ipsum dolor sit amet, consectetur
adipisicing ….</p>
        </div>
      </section>
      <section class="module parallax parallax-2">
        <div class="container">
          <h1>Título</h1>
        </div>
      </section>
      <section class="module content">
        <div class="container">
          <h2>Lorem Ipsum Dolor</h2>
          <p>Lorem ipsum dolor sit amet, consectetur
adipisicing …</p>
          <p>Lorem ipsum dolor sit amet, consectetur
adipisicing …</p>
          <p>Lorem ipsum dolor sit amet, consectetur
adipisicing …</p>
          <p>Lorem ipsum dolor sit amet, consectetur
adipisicing …</p>
        </div>
      </section>
      <section class="module parallax parallax-3">
        <div class="container">
          <h1>Título</h1>
```

```
            </div>
        </section>
        <section class="module content">
            <div class="container">
                <h2>Lorem Ipsum Dolor</h2>
                <p>Lorem ipsum dolor sit amet, consectetur
adipisicing …</p>
                <p>Lorem ipsum dolor sit amet, consectetur
adipisicing …</p>
                <p>Lorem ipsum dolor sit amet, consectetur
adipisicing …</p>
                <p>Lorem ipsum dolor sit amet, consectetur
adipisicing …</p>
            </div>
        </section>
    </main>
  </body>
</html>
```

Ejemplo 2.55. Efecto parallax. HTML.

La idea es que a cada elemento `section` que tiene la clase `parallax` se le sitúe una imagen de fondo y un texto en cabecera, mientras que los elemento `section` que tengan la clase `content` sean secciones con contenido normales. La clase contenedora `container` construye el diseño adaptativo al disponer de una anchura máxima según las dimensiones de las pantallas de visualización.

Todas las imágenes de fondo tienen unas dimensiones de 1600 px de ancho y 600 px de alto. De este modo, se definen secciones con un altura fija de 600 px. Al no conocer las dimensiones de cada uno de los dispositivos de los usuarios, se va a establecer que cada imagen de fondo ocupe todo el espacio disponible expandiéndose de modo proporcional al espacio disponible. Esto se consigue utilizando la propiedad `background-size` con el valor `cover` de CSS. Aún falta por realizar la parte más importante, hacer que la imagen de fondo permanezca fija mientras el contenido en `scroll` pasa por encima de ella. De nuevo, recurrimos a CSS para conseguir este efecto. En concreto, se hace uso de la propiedad `background-attachment` y estableciéndola como `fixed`. En el Ejemplo 2.60 se muestra la hoja de estilos asociada para conseguir dicho efecto.

El efecto de trabajar en múltiples capas parece una técnica muy compleja en la cual se pueden encontrar alternativas construidas utilizando el lenguaje de programación JavaScript, pero el lector puede comprobar que conociendo CSS no es necesario sobrecargar el sistema de modo innecesario.

```css
.container {
    width: 100%;
    max-width: 960px;
    margin: 0 auto;
    padding: 0 20px;
}

section.module:last-child {
    margin-bottom: 0;
}

section.module h2 {
    margin-bottom: 40px;
    font-family: "Roboto Slab", serif;
    font-size: 30px;
}

section.module p {
    margin-bottom: 40px;
    font-size: 16px;
    font-weight: 300;
}

section.module p:last-child {
    margin-bottom: 0;
}

section.module.content {
    padding: 40px 0;
}

section.module.parallax {
    height: 600px;
    background-position: 50% 50%;
    background-repeat: no-repeat;
    background-attachment: fixed;
    background-size: cover;
}

section.module.parallax h1 {
    color: rgba(255, 255, 255, 0.8);
    font-size: 48px;
    line-height: 600px;
    font-weight: 700;
    text-align: center;
    text-transform: uppercase;
```

```css
    text-shadow: 0 0 10px rgba(0, 0, 0, 0.2);
}

section.module.parallax-1 {
    background-image: url("../img/1.jpg");
}

section.module.parallax-2 {
    background-image: url("../img/2.jpg");
}

section.module.parallax-3 {
    background-image: url("../img/3.jpg");
}

@media all and (min-width: 600px) {
    section.module h2 {
        font-size: 42px;
    }

    section.module p {
        font-size: 20px;
    }

    section.module.parallax h1 {
        font-size: 96px;
    }
}

@media all and (min-width: 960px) {
    section.module.parallax h1 {
        font-size: 160px;
    }
}
```

Ejemplo 2.56. Efecto parallax. CSS.

ACTIVIDADES

2.1. Instale todas las aplicaciones *software* presentadas en el capítulo, salvo Adobe Photoshop (no se dispone de licencia). Busque en Google Imágenes una imagen en diferentes formatos: PNG, JPEG, SVG, GIF y realiza las siguientes tareas:

a) Cree una ficha en la que se especifica de cada imagen: tamaño, peso, formato, número de colores, otros datos de interés.

b) Aplique las técnicas de optimización de las imágenes para la web y completa nuevamente las fichas anteriores.

2.2. ¿Cuáles son las diferencias principales entre imágenes escalares y vectoriales?

2.3. ¿Existen imágenes escalares sin pérdida de calidad? ¿Cuáles son?

2.4. En una página web identifique claramente en qué imágenes utilizaría los formatos PNG, JPEG y SVG.

2.5. Construya una paleta de botones con las redes sociales más populares (Instagram, X, TikTok, etc.), en la cual se aplique la técnica CSS Sprites. Cuando el cursor se sitúa sobre dichos botones, debe cambiar la imagen por la de su estado en *off*.

2.6. Busque por internet una fuente no segura y construya una tipografía personalizada denominada "Mi fuente" que pueda aplicar en diferentes proyectos web.

2.7. Cree el efecto de la caja de búsqueda de la compañía Apple, en la cual se dispone de una caja de búsqueda en la parte superior con un icono de lupa. Al situar el foco en la caja de búsqueda, esta crecerá y cambiará de color.

2.8. Realice la rotación en 3D de un elemento caja en el cual en la cara lateral aparezca una imagen.

2.9. Realice animaciones de transición en el texto de un menú que consta de diferentes pestañas (o secciones).

2.10. Realice un efecto de rotación y transición de manera simultánea para conseguir el mismo efecto de un contador de kilómetros de un coche que aumenta a medida que se mantiene el cursor sobre el elemento.

2.11. Descargue la biblioteca CSS AnimateCSS (https://animate.style/). Observe todos los efectos que se pueden utilizar con CSS.

- Utilizando dicha biblioteca haga uso de algunos efectos sobre tu sitio web.

- Construya una hoja de estilos CSS que utiliza exclusivamente los efectos que te interesan.

2.12. Efecto de imágenes de Polaroid. En este ejercicio se tiene como objetivo conseguir un mural con fotografías al estilo de las antiguas y desaparecidas cámaras Polaroid. El resultado final muestra en la Figura 2.14 y debe cumplir las siguientes características:

- Debe existir un espacio con una textura de pared (no tiene que ser de madera).

- Deben aparecer chinchetas sujetando las fotografías.

- Las fotografías deben aparecer giradas de diferente modo.

- Al situar el cursor sobre una fotografía, esta debe maximizarse y girarse de manera adecuada.

Figura 2.14. Ejercicio de crear efecto Polaroid.

2.13. Construya una página web utilizando la técnica de parallax, en la cual se describan algunas características novedosas de algún dispositivo electrónico novedoso.

2.14. Construya otra página web utilizando la técnica parallax, en la cual se muestre información de su *curriculum vitae*.

3. Pruebas y verificación de páginas web

Contenido

Introducción

La prueba y verificación de *software* es un paso fundamental en el desarrollo de aplicaciones *software,* puesto que permite conocer si la aplicación cumple con todos los objetivos para los que fue creada. Esta etapa del desarrollo de *software* tradicionalmente se ha delegado a la última, pero en los últimos tiempos ha tomado un papel importante que lo ha situado en una de las etapas primordiales; tal es el caso que existe una metodología de desarrollo de *software* basada en pruebas (desarrollo guiado por pruebas de *software*, o *Test-Driven Development*, TDD).

Para poder realizar pruebas mientras se está desarrollando la aplicación web, existen herramientas de depuración que facilitan el trabajo de localizar errores a los desarrolladores. Estas herramientas son de gran utilidad, puesto que permiten ahorrar una gran cantidad de tiempo en localizar los errores. La mayoría de los navegadores web hoy en día incorporan sus propias herramientas.

Para alcanzar una mayor calidad en nuestro producto *software* es importante realizar pruebas que tengan en cuenta la accesibilidad y la usabilidad. Además, se deben respetar los estándares para poder alcanzar mayores puntuaciones en los buscadores web, obteniendo por lo tanto una mejor posición en los mismos. Para lograr este fin se dispone de algunas reglas y herramientas de verificación o chequeo de los estándares web.

En este capítulo, la primera parte está centrada en presentar las diferentes técnicas de verificación básicas que existen tanto para el desarrollo de HTML como para CSS. Posteriormente, se ofrece una visión global de las herramientas de depuración que incorporan los navegadores Google Chrome y Mozilla Firefox para facilitar la tarea a los desarrolladores de aplicaciones web. En el marco de las utilidades que incorporan estos navegadores, nos centraremos en las utilidades para HTML, JavaScript, CSS y el tratamiento del DOM.

3.1. Técnicas de verificación

En el desarrollo de aplicaciones web hay que tener en cuenta que nuestra aplicación web puede ser consultada desde diferentes dispositivos, navegadores web y perfiles de usuarios. El desarrollador debe tener en cuenta que, aunque en su pantalla se esté visualizando adecuadamente, puede ser que si se visualiza en otro dispositivo móvil o tableta, no se vea del mismo modo. O, si el usuario que consulta la página web tiene alguna limitación física, no puede disfrutar del contenido de un modo satisfactorio, porque el desarrollador ha omitido algunas buenas prácticas a tener en cuenta a la hora de crear el sitio web.

El concepto de **accesibilidad web** es el que define y clasifica las páginas web en función del grado en el que todas las personas pueden acceder a un servicio web independientemente de sus capacidades técnicas, cognitivas o físicas.

Para conseguir que un sitio web pueda ser accesible por cualquier dispositivo, lo ideal es cumplir con los estándares, puesto que los navegadores web en mayor o menor medida tratan de cumplirlos y adecuarse a ellos. Por lo tanto, el camino correcto para desarrollar aplicaciones web accesibles y que puedan obtener una buena valoración por los buscadores (mejorando la posición de nuestra web en las búsquedas) es cumplir con los estándares.

El organismo que se encarga de generar los estándares relativos a HTML y CSS es *World Wide Web Consortium* (W3C). Este organismo fue fundado en el año 1994 y desde entonces ha trabajado por tratar que la web sea accesible para todas las personas y dispositivos desarrollando varios estándares de HTML, del cual se encuentra ahora en la versión 5 y la versión 6 en desarrollo, y en CSS, del cual se encuentra vigente la versión 3, y en constante evolución en la conocida versión CSSNext.

La accesibilidad web beneficia al grupo de personas que presentan algún grado de discapacidad o deficiencia, limitaciones en la actividad y restricciones en la partición. De tal modo que se puede crear la siguiente lista de grupos de usuarios beneficiados por un desarrollo adecuado en accesibilidad.

- Usuarios con discapacidad física, sensorial o cognitiva.
- Usuarios de edad avanzada con dificultades producidas por el envejecimiento.
- Usuarios inexpertos en el tratamiento con las tecnologías.
- Usuarios que no dominan el idioma o que tienen un nivel cultural menor a la media.
- Usuarios afectados por circunstancias de su entrono como es ruido, espacio reducido o baja iluminación.

En las siguientes secciones de este capítulo se van a presentar técnicas de verificación que van a ayudar a los desarrolladores a construir aplicaciones web accesibles. Estas técnicas han sido clasificadas en las siguientes categorías.

- Técnicas fundamentales.
- Técnicas HTML.
- Técnicas CSS.

3.1.1. Fundamentales

Lo primero que se debe aclarar es que ninguna regla es una máxima absoluta que no deba saltarse por ninguna circunstancia, ya que en informática y en el desarrollo de aplicaciones web muchas técnicas y recursos se utilizan dependiendo del problema que se quiera solventar. No obstante, se describen reglas y técnicas que son utilizadas como norma general para solventar la mayoría de los problemas y sobre todo son totalmente asumibles para los desarrolladores de aplicaciones web noveles que se introducen en este mundo. Dicho esto, un sitio web debe satisfacer los siguientes requisitos:

- La web debe poder verse y ejecutarse (sus funcionalidades) correctamente en todos los dispositivos y navegadores. Se recuerda que los navegadores con poca implantación hoy en día pueden ser desechados en el desarrollo de aplicaciones web, puesto que mantener una compatibilidad hacia atrás desde el comienzo de los tiempos no es sostenible en tiempo y recursos. Es por ello que se debe analizar claramente el nicho de mercado y conocer qué herramientas utilizan nuestros clientes.

- Se debe separar el contenido del diseño e incluso de la programación. Es decir, se debe tender a tener separados los ficheros HTML, CSS y JavaScript para que unos no dependan de otros y, si fuera necesario realizar una modificación del diseño, solamente haya que modificar los ficheros CSS relativos al diseño sin que haya que realizar modificaciones en las otras partes del código.

- El código HTML y CSS deben ser validados por la W3C, que es el organismo que se encarga de su estandarización.

- El código JavaScript no es validado por la W3C, puesto que no es el organismo encargado de su estandarización. No obstante, se deben utilizar herramientas que validen sintácticamente el código JavaScript para que este sea válido según el estándar proporcionado por ECMAScript.

A continuación, se van a describir algunas recomendaciones a seguir a la hora de confeccionar una página web.

Separación de capas

Se debe separar la estructura de una página web del diseño de esta. Es decir, en el documento HTML se especifica la estructura que tendrá la página web mediante elementos como el `header`, `main`, `nav`, `aside`, `article`, `section`, `footer` y las propias que irá el desarrollador elaborando para crear unos cimientos sólidos de nuestro proyecto web. Por lo general, los estilos CSS de la página no irán *inline* o en el mismo documento, sino que se extraerán en documentos separados según las necesidades. Evidentemente, estos documentos están ligados con lo que se describa en el documento HTML, pero en el documento no se verán las especificaciones del diseño. No obstante, pueden existir casos particulares en los que sea necesario aplicar un estilo *inline*, pero son casos excepciones.

No solo se debe separar el HTML del CSS, sino que hay que llegar más allá y separar incluso la parte de la lógica de control o funcionalidades, la programación en JavaScript en documentos separados para poder tener un control exhaustivo de lo que está pasando en cada una de las fases del desarrollo de la aplicación web. De este modo, si el problema surge en la fase de diseño, se debe buscar el error en la hoja de estilo; si el error se produce en sintaxis de programación, el error debe ser buscado en los ficheros de JavaScript.

Algunas recomendaciones que seguir son las siguientes:

- El contenido de HTML debe tener una estructura sin necesidad de aplicar estilos. Evidentemente, no se verán los elementos en las posiciones deseadas, ni con los efectos deseados. Pero en esta capa nos estamos centrando en la estructura sobre la que se construirán las demás capas y debe ser completa.

- El contenido de CSS permite realizar la maquetación y la presentación de los documentos. Es decir, tras aplicar los estilos sobre los elementos HTML y clases confeccionadas para tal fin, se deberá disponer de una página que sí tiene una apariencia amoldada a lo que deseamos tener. A falta de la interacción con el usuario y funcionalidades que se describen en JavaScript.

- El contenido de JavaScript permite crear la interacción con el usuario a través de los eventos. De este modo, aunque ya se disponga de una web estructurada y con buena maquetación, son los ficheros de programación los que generarán el dinamismo en la web.

- Respecto a cómo transmitir la información, es muy importante que los colores no sean vitales para el buen funcionamiento de la página web, ya que no todas las personas perciben los colores del mismo modo, puesto que existen personas con discapacidades que no pueden tomar decisiones en función del color. Además de ello, los colores están fuertemente ligados con el conocimiento cultural de la persona, siendo el significado de estos diferente en función del conocimiento de la persona.

- La apariencia inicial de los elementos no puede ser tomada como parte de la maquetación o el diseño. Los encabezados suelen cambiar la tipografía y el color, los enlaces toman el color azul, algunos elementos como `strong` o `em` modifican el aspecto de la tipografía también. Estos elementos pertenecen a HTML y son parte de la estructura y es el navegador el que decide la apariencia que tendrán. Se puede dar la circunstancia de que diferentes navegadores, sin aplicar estilos, proporcionen por defecto una apariencia distinta a los elementos HTML. Por lo tanto, aunque nos parezca normal reutilizar el estilo que proporciona el navegador, nunca deberemos hacer uso de dichos estilos. Existen soluciones para estandarizar el aspecto por defecto de los navegadores tales como el proyecto llamado *Normalize.css* (https://necolas.github.io/normalize.css/).

- Para transmitir información, utilice imágenes cuando estas sean necesarias y disponga siempre de una alternativa textual que describa lo que se quiere transmitir (elementos `alt` y `longdesc`). Esto es recomendable para dos tipos de usuarios. Aquellos que no pueden visualizar imágenes debido a una deficiencia visual y los que bien por su conexión a internet o problemas en sus dispositivos no pueden visualizar las imágenes correctamente. En dichos casos hay que proporcionar una alternativa para que el sitio web siga siendo accesible para todos los usuarios.

- No se deben utilizar tablas para maquetar. Esto es una máxima que se debe tener en mente. Las tablas son un recurso de HTML que permite estructurar que los datos que se van a introducir en ella están tabulados según unas cabeceras y pies. La tabla se utiliza para tener un valor semántico del contenido que se introduce en ella. Para realizar maquetaciones, se dispone de los diferentes tipos de `display` en CSS. De hecho, en las nuevas versiones existe un tipo de `display` denominado de tabla que maqueta utilizando hojas de estilos el concepto de tablas. Esto es totalmente diferente a maquetar con tablas, puesto que el encargado de la maquetación es la hoja de estilos.

Textos

El texto es fundamental en la web, ya que representa nuestra principal herramienta para comunicar información. Es esencial garantizar que todos los elementos de una página web, ya sean imágenes, sonidos, formularios o listas, cuenten con descripciones textuales. Esto se debe a que no todos los recursos visuales o auditivos son siempre accesibles. Proporcionar descripciones textuales asegura que el contenido sea comprensible para aquellos que puedan tener dificultades para percibirlo en su formato original en un proyecto web.

De esta manera, si un usuario tiene un sintetizador de voz, podrá leer la descripción de la imagen en lugar de omitir el contenido. Es por ello que se debe describir de la manera más adecuada posible los recursos no textuales que se introducen en una página web. En HTML se utilizan los atributos `alt` y `title` para describir imágenes, botones, etc.

Audio y vídeo

Después de los textos y las imágenes los recursos más importantes para transmitir información a los usuarios son los audios y vídeos. Hoy en día, los recursos multimedia han cobrado un interés mayor debido a las conexiones de alta velocidad y el acceso a los datos de una gran masa de la población. Esto hace que se nos olvide que no todo el mundo dispone de conexiones de alta velocidad ni dispositivos en los que se pueda reproducir toda información sin complicaciones.

Es muy importante que todo el contenido multimedia que se incorpora a la web vaya acompañado de subtítulos o descripciones que permitan la comprensión del contenido de todas las personas, ya sea por una deficiencia de este o por no entender adecuadamente el idioma.

Aunque pueda resultar laborioso describir cada recurso visual en un vídeo, es esencial hacerlo. Es recomendable incorporar a un narrador que detalle las escenas y las expresiones significativas de los actores. Estas descripciones son imprescindibles para las personas con discapacidad visual, ya que, si bien pueden escuchar las conversaciones, necesitan comprender el contexto en el que estas ocurren.

Las tecnologías que permiten añadir texto a los archivos multimedia son **SMIL** y **SAMI**. Estas tecnologías permiten a partir de un archivo de sincronización y los textos crear audio y vídeo con subtítulos.

Lenguaje utilizado

Utilizar un lenguaje amoldado a nuestro segmento de usuarios es muy importante. Cuando se están desarrollando aplicaciones web generalistas se recomienda utilizar un lenguaje claro y sencillo con las siguientes características:

- Utilizar las palabras adecuadas al contexto, tratando de evitar jergas, argots e incluso lenguajes especializados en ciertos contextos. Por ejemplo, imagine que está haciendo una sección de preguntas frecuentes (FAQ) para una web de legislación enfocada a un público generalista. En este caso, se deben referenciar documentos y textos técnicos, pero tratando de minimizar al máximo la utilización de tecnicismos y explicar en un lenguaje sencillo cada una de las preguntas planteadas.

- Evitar el uso de oraciones en voz pasiva cuando se construyen las oraciones. Por ejemplo: "Usted debe pasear el perro" (voz activa) escrita como "El gato es paseado por Miguel" (voz pasiva). Es mucho más comprensible para el lector de páginas web encontrar la información en voz activa.

- Incluir frases directas y complementarlo con enlaces. Las frases deben ser directas y sencillas, pues los lectores de páginas web no quieren información extra en las ideas que buscan. Eso sí, debe ser complementada con enlaces donde encontrar más información al respecto si está realmente interesado en la idea.

- Los párrafos deben limitarse a ideas principales que se quieran transmitir. Demasiado texto no es recomendable, puesto que los usuarios tienden a "ojear" la página web en búsqueda del concepto clave que les interesa.

Páginas alternativas

Incluso tras grandes esfuerzos, si no logras diseñar una página completamente accesible, considera proporcionar un enlace a una versión alternativa que siga las normas de la W3C. Esta versión debe ser igualmente accesible, ofrecer información o funcionalidad equivalente y mantenerse actualizada con la misma frecuencia que la versión original. Este consejo es parte de las directrices de accesibilidad propuestas por la W3C, que enfatizan la importancia de tener páginas alternativas que cumplan con los estándares.

Aunque el objetivo principal es que nuestra aplicación web sea plenamente accesible, puede haber ocasiones en las que ciertos contenidos no lo sean. Algunas estrategias para ofrecer alternativas accesibles incluyen:

- Permitir al usuario navegar a otra página diferente que sea accesible, que contenga la misma información que la página inaccesible y que esté igualmente actualizada.

- En lugar de utilizar páginas alternativas estáticas, utilice la programación de lado de servidor para crear versiones accesibles de los recursos.

- Deje información de contacto tal como teléfono, fax, dirección de correo electrónico o postal donde la información esté disponible y accesible a los usuarios.

El elemento `link` permite enlazar una o más hojas de estilo externas al documento HTML. Por lo tanto, el elemento `link` facilita que se pueda cargar una u otra hoja de estilo en función de si se está visitando la página web desde un determinado dispositivo.

Es posible utilizar múltiples hojas de estilos en un mismo documento aplicando la técnica conocida como *media queries,* que permite que se interpreten unas u otras reglas de CSS en función del tamaño de la pantalla o del dispositivo que está leyendo la página web.

Navegación

En aplicaciones web con una gran cantidad de páginas es complicado para el usuario moverse por los contenidos. Por ello es muy importante establecer un método de navegación. Los métodos de navegación pueden ser menús superiores o laterales que te permitan acceder a cualquier parte de la web o incluir mapas de web en nuestro sitio. En la Figura 3.1 se muestra un ejemplo de mapa web de la página digital del periódico *El País*. En este mapa web se puede observar cómo se han clasificado los temas por bloques temáticos. De este modo, un usuario perdido o sin conocimiento de todo lo que ofrece la página web puede ver fácilmente las diferentes áreas a las que puede acceder.

En la Figura 3.2 se muestra el menú de navegación de la página web Wikipedia.org, el cual se encuentra en el lateral izquierdo. Esta es una de las posiciones naturales de la mayoría de los menús en las interfaces web. No solo eso, además Wikipedia aprovecha el espacio superior para plantear un menú de opciones que permitan editar, ver código, discutir o realizar más acciones. En este caso, se están utilizando dos menús diferentes, uno es de navegación puro por la web (izquierda) y el otro es un menú de opciones asociado a la página que está abierta en cuestión.

Preferencias del usuario

Hoy en día es raro que las aplicaciones no estén personalizadas a las preferencias de los usuarios. La mayoría de las aplicaciones móviles tienen un espacio destinado a ajustes o configuración en el que los usuarios establecen sus preferencias. Por ejemplo, una web que esté destinada a recetas de cocina puede tener una sección de ajustes en la que los usuarios establezcan el idioma de la receta, las medidas para cocinar e incluso los colores de la página web. Las opciones de preferencia no quedan solo en cuestiones textuales, sino que se pueden establecer configuraciones en otros ámbitos tales como que si se quieren reproducir los vídeos automáticamente o cuando se pulse sobre el reproductor se despliegue el vídeo en pantalla completa.

Esto hace que una sola página web, aunque sea generalista, se adapte a cada usuario como si estuviera confeccionada para él.

EL PAÍS SECCIONES

MAPA WEB

INICIO	INTERNACIONAL	ESPAÑA	ECONOMÍA	POLÍTICA
▸ Última Hora	▸ Europa	▸ Andalucía	▸ Macroeconomía	▸ Elecciones Generales
▸ Imágenes del día	▸ EE UU	▸ Cataluña	▸ Empresas	▸ Elecciones Municipales
▸ Lo más visto	▸ México	▸ C. Valenciana	▸ Mercados	▸ Elecciones Autonómicas
▸ Videos	▸ América Latina	▸ Galicia	▸ Bolsa	▸ Elecciones Andaluzas
▸ Fotos	▸ Asia	▸ Madrid	▸ Análisis	▸ Elecciones Catalanas
▸ Gráficos	▸ África	▸ País Vasco	▸ Blogs Economía	▸ Elecciones Gallegas
▸ Archivo	▸ Blogs Internacional		▸ Declaración de la Renta	▸ Elecciones Vascas
▸ Buscador	▸ Debate Internacional			▸ Debate Estado de la Nación
▸ Edición Impresa	▸ Corresponsales			▸ Elecciones EEUU
▸ RSS				▸ Elecciones Europeas
				▸ Blogs de Política

DEPORTES	FÚTBOL	BALONCESTO	FÓRMULA 1 Y MOTOCICLISMO	TENIS
▸ Ciclismo	▸ Liga BBVA	▸ Liga ACB	▸ Calendario F1	▸ Open Australia
▸ Giro de Italia	▸ Calendario de Liga	▸ Euroliga	▸ Clasificación F1	▸ Wimbledon
▸ Tour de Francia	▸ Mercado de Fichajes	▸ Final Four	▸ Pilotos y Escuderías F1	▸ Roland Garros
▸ Vuelta España	▸ Campeón Liga	▸ Eurocup	▸ Concurso Fórmula 1	▸ US Open
▸ Golf	▸ Widget de la Liga	▸ NBA	▸ Calendario Motociclismo	▸ Copa Davis
▸ Otros Deportes	▸ Copa del Rey	▸ Copa del Rey de Basket	▸ Clasificación Motociclismo	
▸ JJOO	▸ Champions League	▸ Mundial de Baloncesto	▸ Pilotos Motociclismo	
▸ Juegos Olímpicos	▸ Calendario Champions	▸ Eurobasket		
▸ Juan Antonio Samaranch	▸ Final Champions League			
▸ Mundial de Atletismo	▸ Widget de la Champions			
▸ Mundial de Natación	▸ Mundial de Fútbol			

Figura 3.1. Mapa web de la página del periódico *El País* (el pais.com).

Figura 3.2. Menú de navegación de la página de la Wikipedia.org.

Ficheros empaquetados y comprimidos

La mayoría de la información se encuentra en documentos web y en formato PDF. Pero en ocasiones puede ser necesario transmitir paquetes de documentos para un posterior procesamiento por parte los usuarios. En este caso, es ideal suministrar a los usuarios todos los documentos empaquetados en uno solo y preferentemente comprimido para que la transferencia de datos sea menor y el paquete de ficheros se descargue antes.

Dentro de los ficheros empaquetados y comprimidos, se recomienda utilizar el formato .ZIP por su amplia extensión en la comunidad. Este formato es manipulado por una gran cantidad de aplicaciones libres en los diferentes sistemas operativos y por consiguiente estamos llegando al mayor número de usuarios posibles.

Actualización automática de la página

En algunas aplicaciones web es necesario realizar actualizaciones para refrescar contenidos, esto provoca desorientación en los usuarios. En lugar de realizar refrescos automáticos, se recomienda realizar las siguientes acciones como alternativas:

- Configurar el servidor para que utilice el código *status* HTTP apropiado (3xx). Se recomienda utilizar encabezados HTTP porque reducen el tráfico de internet y el tiempo de descarga; además, pueden ser aplicados a documentos que no sean HTML.

- Sustituir la página que sería redirigida por una página estática que contenga un vínculo a la nueva página.

Destello en la pantalla

Una pantalla parpadeante o con destello puede provocar ataques en usuarios con epilepsia foto sensitiva; por ello, se deben evitar los destellos de la pantalla. Al margen de las personas que tengan epilepsia, los destellos son molestos para la mayoría de los usuarios que interactúan con una aplicación web.

Validación

La validación automática es muy importante en el desarrollo de aplicaciones web, puesto que nos avisan de que algo estamos haciendo de un modo incorrecto. Los validadores son proporcionados por la W3C para HTML y CSS y son herramientas *online* que se pueden integrar en los editores de los desarrolladores.

En la Figura 3.3 se muestra el uso de un *plugin* que realiza la validación de HTML en el editor de desarrollo Visual Studio Code.

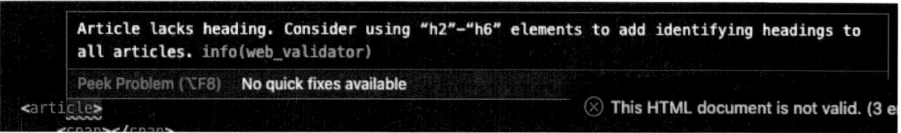

Figura 3.3. Validación de HTML utilizando Visual Studio Code.

Respecto a la validación de la accesibilidad de un sitio web, existen muchas herramientas aún en desarrollo sin que ninguna haya sido destacada como la líder respecto al resto, por lo tanto, hoy en día, la validación de la accesibilidad debe ser realizada manualmente por los desarrolladores. Por ello, se recomienda seguir las siguientes pautas:

• Pruebe en diversos navegadores, tanto antiguos como modernos. Esto le dará una perspectiva de cómo se visualiza su sitio en navegadores con capacidades visuales limitadas y en los más avanzados.

• Realice pruebas en navegadores desactivando ciertas características: sonidos, imágenes (tanto cacheadas como no cacheadas), uso del ratón, marcos, *scripts*, hojas de estilo y *applets*. Esta simulación le mostrará cómo un *software* especializado interpretaría su sitio para ayudar a personas con discapacidades o aquellas con problemas específicos de configuración.

• Evalúe su aplicación web en un navegador de texto puro, como Lynx, o use un simulador para esta función.

• Pruebe la navegación mediante herramientas de asistencia, como navegadores de voz, lectores de pantalla, *software* de ampliación de pantalla, dispositivos variados (móviles y tabletas), o un teclado virtual en lugar de uno físico.

Todas estas pruebas permitirán al desarrollador hacerse una idea de los problemas que pueden encontrar los usuarios que visitan su sitio web.

Tecnologías que soportan la accesibilidad

Se recomienda utilizar las tecnologías que son parte del W3C, puesto que se garantiza que se está dando soporte a la accesibilidad. Las tecnologías que se recomienda utilizar según el problema que se quiera resolver son las siguientes:

- HTML, XHTML, XML para estructurar documentos.

- CSS y XSL para especificar las hojas de estilos.

- XSLT para crear transformaciones de estilos.

- RDF para crear metadatos.

- MathML para expresar notación matemática.

- SVG para soporte gráfico.

3.1.2. Técnicas HTML

Es necesario validar una página porque:

- No es necesario que una página esté escrita perfectamente para poder ser interpretada. Un error no va a provocar que no cargue la página, sino que en el peor de los casos hará que una zona de la página web se vea mal, o incluso puede que pase desapercibido para nuestro navegador.

- Una página varía dependiendo del navegador utilizado y se pueden obtener resultados inesperados cuando se producen errores, puesto que los navegadores interpretan el documento HTML y pueden realizar modificaciones a la estructura del documento.

- Los buscadores primarán a las webs que cumplen con los estándares, puesto que serán más usables y accesibles.

A continuación, se revisan las técnicas de HTML que se llevan a cabo para validar adecuadamente HTML. En el Ejemplo 3.2 se muestra el código de un documento HTML5 bien estructurado y con metadatos de ejemplos, que puede ser utilizado como plantilla para páginas web accesibles.

Estructura y metadatos del documento

El primer punto para una buena validación HTML es necesario conocer qué elementos debe tener nuestra aplicación web como mínimo.

- Declaración del tipo de documento utilizando **DOCTYPE**.

- Los elementos `html, head, title` y `body`.

Se debe establecer al menos el metadato que indica el juego de caracteres (`<meta charset="utf-8">`).

Es importante tener en cuenta que todos los elementos deben ser escritos en minúsculas, puesto que son más fáciles de leer y los estándares de XML y XHTML solo aceptan minúsculas y es buena idea tener consistencia en el desarrollo de *software*. Del mismo modo se hará para CSS.

La declaración !DOCTYPE

La declaración !DOCTYPE permite conocer el tipo de documento que se está tratando. Para los desarrolladores es muy útil conocer qué tipo de documento se está desarrollando, puesto que los estándares cambian según se esté desarrollando un documento en XHTML o en HTML. Además, para los navegadores y las herramientas de validación automáticas es muy importante, ya que con esta información realizan modificaciones en las páginas que se van a visitar o se realiza un chequeo u otro en función del tipo de documento. La declaración !DOCTYPE es lo primero que debe aparecer en nuestros documentos.

El elemento meta

El elemento meta es el indicado para poder introducir metainformación del documento. Esta información no es visible para los usuarios, sino que es información que se establece para definir información del propio documento que puede ser utilizada por otros sistemas. Por ejemplo, uno de los meta más básicos es la definición del juego de caracteres que consiste en agregar el atributo charset con el conjunto de caracteres a utilizar. Otros de los metadatos más interesantes son la declaración del autor (author), descripción (description) y palabras claves (keywords).

Los elementos link

El elemento link permite describir la organización de la navegación del documento. Una de las apariciones más extendidas de este elemento es cuando se enlazan las hojas de estilos. Los tipos de relaciones que se pueden establecer entre el actual documento y el documento enlazado son muchas, algunos de los principales son alternativa (alternate), archivo (archives), autor (author), recurso externo (external), hoja de estilo (stylesheet), siguiente (next), anterior (previous), licencia (license) y ayuda (help). En el Ejemplo 3.1 se muestra la relación existente entre diferentes páginas para saber cómo se establecen las relaciones entre ellos.

```html
<link rel="next" href="pagina6.html" />
<link rel="prev" href="pagina4.html" />
<link rel="start" href="pagina1.html" />
<link rel="glossary" href="glosario.html" />
```

Ejemplo 3.1. Utilización del elemento *link*.

El elemento title

El elemento `title` es único en cada página web y permite especificar información relativa a qué información se encontrará en dicha página. No debe confundirse con el atributo `title`, el cual si se encuentra en muchos elementos de HTML.

El elemento address

El elemento `address` permite proporcionar información del creador de la página web. Es utilizado para establecer un punto de contacto físico o digital con los creadores.

Los elementos header, main y footer

Los elementos `header`, `main` y `footer` permiten definir las diferentes partes del documento según si pertenecen semánticamente a la cabecera (no confundir con el elemento `head`), si son la parte central del documento o si son el pie del documento.

Los elementos section, article y aside

Los elementos `section`, `article` y `aside` permiten definir las diferentes áreas de nuestro documento agregando un valor semántico extra. Las secciones están compuestas por un conjunto de artículos (`article`). De este modo, una parte como el `main` puede estar compuesto por varias `section` que contienen varias `article`. Por otro lado, el fragmento del documento delimitado por `aside` especifica la zona de información extra. Esta zona es para información que no es la principal, tradicionalmente ha sido utilizada para situar la publicidad o información secundaria que se puede actualizar en tiempo real.

El sistema de navegación: nav, ul, li

Los sistemas de navegación en las páginas web se construye utilizando los elementos `ul` y `li` que permiten establecer elementos del menú de navegación. Es con la aparición del elemento `nav` cuando se establece semánticamente el valor necesario para especificar que la lista no ordenada que se está especificando corresponde a un menú de navegación. En el Ejemplo 3.2 se muestra la creación de un menú de navegación utilizando estos elementos.

```
<!DOCTYPE html>
<html lang="es">
  <head>
    <meta charset="utf-8" />
    <title>Título de página</title>
    <link rel="stylesheet" href="estilo.css" type="text/css"
media="screen"/>
  </head>

  <body>
    <header>
     <h1>Título de página</h1>
    </header>

    <main>
     <nav>
      <ul>
        <li><a href="#">Inicio</a></li>
        <li><a href="#">Archivo</a></li>
        <li><a href="#">Contacto</a></li>
      </ul>
     </nav>

     <section id="intro"></section>

     <section>
      <article></article>
     </section>

     <aside></aside>
    </main>

    <footer></footer>
  </body>
</html>
```

Ejemplo 3.2. Documento HTML5 bien formado.

Información sobre el idioma

Definir el idioma de un texto es muy importante, puesto que en función de dicho idioma el contenido debe ser tratado de una manera u otra. Las herramientas automáticas que permiten la lectura de páginas web deben dar una entonación u otra en función de dicho idioma.

Idioma principal

Por regla general, una aplicación web se encuentra en un idioma principal; este idioma puede modificarse si se tienen diferentes versiones de nuestra aplicación. No obstante, es muy importante resaltar qué idioma es el principal del sitio. La manera de establecer el idioma principal es utilizando el atributo lang del elemento HTML tal y como se muestra en el Ejemplo 3.3.

```
<!DOCTYPE html>
<html lang="es">
...
</html>
```

Ejemplo 3.3. Establecer el idioma principal de una aplicación web.

Fragmentos con idiomas secundarios

Es muy frecuente que sea necesario intercalar uno o varios idiomas en una aplicación web que tiene otro idioma como principal. En estos casos, se puede utilizar el atributo lang en el elemento en el que se va a introducir el nuevo idioma. En el Ejemplo 3.4 se muestra la utilización de este recurso.

```
<p>Texto en castellano intercalado de otros idiomas:<span
lang="fr">je ne sais pas</span>, y se continúa escribiendo
el texto
    en el idioma principal.</p>
```

Ejemplo 3.4. Idiomas secundarios en un documento.

Etiquetado de texto

La estructuración de documentos HTML no solamente consiste en bloques o áreas del documento claramente diferenciados, sino que es importante también estructurar fragmentos de textos. Para conseguir dicha estructuración, se han dividido los elementos en HTML que la permiten en los siguientes: énfasis, citas y otros elementos de marcado.

Énfasis

Al comienzo de la web era común utilizar los elementos b y i para dar énfasis a los textos, puesto que transformaban en negrita y cursiva las fuentes respectivamente. No obstante, como ya conoce el lector, esto es un comportamiento por defecto de los navegadores y no se deben utilizar los elementos de HTML para maquetar la página web. Hoy en día, para dar énfasis a los documentos disponemos de cuatro elementos diferenciados:

- **strong.** Permite establecer texto realmente importante.

- **em.** Este es texto relevante que queremos diferenciarlo del anterior, pero no necesariamente es importante.

- **mark.** Resalta el texto que viene de realizar una búsqueda por parte de los usuarios. Es texto que estamos remarcando por una circunstancia en concreto y no necesariamente es texto que en el documento tenga que ser relevante si no ha habido interacción por parte del usuario.

- **b.** Es utilizada solo cuando se quiere resaltar un texto y no encaja en ninguna de las anteriores. Recordando que su uso no está relacionado con el aspecto.

En el Ejemplo 3.5 se muestra un ejemplo de utilización de los elementos de marcado de textos. En la Figura 3.4 se muestra la ejecución del código anterior en un navegador web.

```
<header><h1>Título de página</h1></header>
<main>
  <p>El lenguaje HTML5 permite especificar fragmentos de texto
según algunos segmentos de texto según su importancia como
<em>importantes</em> o como <strong>los más importantes</
strong>. Además, si este <mark>texto es relevante en este
contexto</mark> también se dispone de una etiqueta propia.
Finalmente, se puede utilizar un elemento antiguo <b>para
marcar el texto</b>.</p>
  <p>El uso de la etiqueta i <del datetime="20100112"
cite="http://www.w3c.org"> es ampliamente utilizada para
remarcar texto importante</del><ins> ha quedado en desuso en
el nuevo estándar</ins>. </p>
  <blockquote cite="http://stackoverflow.com">
    <p>Type HTML in the textarea above, and it will magically
appear in the frame below.</p>
  </blockquote>
  <p>Como dijo Edsger W. Dijkstra: <q url="http://en.wikipedia.
org/wiki/Edsger_W._Dijkstra"> La Ciencia de la Computación no
tiene que ver con las computadoras más que la Astronomía con
los telescopios.</q></p>
  <p>El lenguaje <abbr title="HyperText Markup Language">HTML</
abbr> es estandarizado por el <abbr title="World Wide web
Consortium">W3C</abbr>.</p>
</main>
<footer>
  <small>Derechos Reservados &copy;
    <time datetime="2013-10-12">2013 Mi empresita S.L </time>
    <address>C\Torrelaguna, 23, Madrid</address></small>
</footer>
```

Ejemplo 3.5. Utilización de los elementos de etiquetado de texto.

Figura 3.4. Página web utilizando elementos de etiquetado de texto.

Citas

En la web es muy frecuente que se haga referencia a citas y se remarquen de un modo diferente (gestionado por las hojas de estilos). En este sentido, han existido varios elementos para este fin pero los siguientes son los que se están utilizando ampliamente hoy en día. En el Ejemplo 3.5 se muestra la utilización de los elementos de citas adecuadamente.

- **cite.** Permite marcar el origen de una cita. A partir de HTML5 es utilizado exclusivamente para mencionar títulos de obras.

- **blockquote.** Se utiliza para citas largas, en bloques de textos (párrafos, listas, etc.). Suele tener el atributo cite (no confundir con el elemento anteriormente descrito) que permite especificar la URL de origen de la información.

- **q.** Se utiliza para citas cortas, dentro normalmente de párrafos o listas. Es decir, no es un bloque en sí, sino parte de un bloque de contenido.

Otros elementos de marcado

Existen otros elementos de marcado que dan un valor semántico según las necesidades. A continuación, se enumeran:

- **code.** Especifica que el texto es un código fuente de una aplicación *software*.

- **var.** Especifica que el texto es una variable o argumento de un programa informático.

- **samp.** Especifica una salida de datos de un programa informático.

- **kbd.** Especifica que es texto que debe introducir el usuario.

- **dfn.** Especifica que es la definición del término que lo contiene.

- **ins.** Especifica un texto insertado en un documento.

- **del.** Especifica un texto suprimido en un documento.

Tablas

Las tablas deben ser utilizadas exclusivamente para proporcionar información relevante. En este sentido se deben realizar las siguientes tareas:

- Proporcionar información de resumen.

- Identificar la información en filas y columnas.

Para conseguir esto se dispone de los siguientes elementos que trabajan conjuntamente para generar tablas bien formadas:

- **table**. Es el nodo padre de la creación de las tablas. Dentro de este elemento es donde tienen significado los diferentes elementos de las tablas.

- **caption**. Describe una leyenda descriptiva para la tabla.

- **colgroup**. Especifica un grupo de una o más columnas en la tabla para especificarle un formato utilizando hojas de estilos.

- **col**. Especifica las propiedades de la columna para cada columna que son hijos del elemento `colgroup`.

- **th**. Define una celda cabecera en la tabla.

- **tr**. Define una fila de una tabla.

- **td**. Define una celda de una tabla.

- **thead**. Agrupa la cabecera de la tabla.

- **tbody**. Agrupa el cuerpo de la tabla.

- **tfoot**. Agrupa el pie de la tabla.

En el Ejemplo 3.6 se muestra la utilización de algunos de los elementos anteriormente descritos para construir una tabla de modo adecuado utilizando elementos semánticos.

```
<table>
    <caption>
      <em>Cuota de mercado de los navegadores web Julio de
2023</em>
    </caption>
    <thead>
      <tr>
        <th>Navegador</th>
        <th>Cuota</th>
      </tr>
    </thead>
```

```
    <tbody>
      <tr>
        <td>Internet Explorer</td>
        <td>0.5%</td>
      </tr>
      <tr>
        <td>Mozilla Firefox</td>
        <td>24.5%</td>
      </tr>
      <tr>
        <td>Google Chrome</td>
        <td>60.8%</td>
      </tr>
      <tr>
        <td>Apple Safari</td>
        <td>8.5%</td>
      </tr>
      <tr>
        <td>Opera</td>
        <td>3.7%</td>
      </tr>
      <tr>
        <td>Otros & Móviles</td>
        <td>2.0%</td>
      </tr>
    </tbody>
  </table>
```

Ejemplo 3.6. Utilización de elementos semánticos para la creación de tablas.

Vínculos

La web es una relación de documentos enlazados unos a otros. La conexión que se establece entre las diferentes páginas debe quedar claramente especificada y por ello no debe utilizar frases como "pinche aquí" o "continúe por aquí", puesto que no especifica nada sobre el destino al que se va a acceder una vez se pulse el vínculo. Para complementar la información de un vínculo se puede hacer uso del atributo `title` donde se puede describir el objetivo del vínculo. En el Ejemplo 3.7 se muestra cómo se debe establecer un conjunto de enlaces de modo adecuado.

```
<a href="my-doc.html">Mi documento está disponible en HTML</a>,
<a href="my-doc.pdf" title="Mi documento en PDF">PDF</a>,
<a href="my-doc.txt" title="Mi documento en formato texto">texto</a>
```

Ejemplo 3.7. Utilización de elementos semánticos para la creación de vínculos.

No solo es interesante suministrar la información de un modo adecuado, además puede ser realmente interesante proporcionar atajos de teclado para poder desplazarse por los vínculos. Esto se consigue haciendo uso del atributo accesskey. En el Ejemplo 3.8 se muestra un código en el cual según el navegador se puede acceder a un vínculo u otro directamente desde el teclado sin necesidad de utilizar el ratón.

```
<a href="http://www.w3schools.com/html" accesskey="h">Tutorial de HTML</a><br />
<a href="http://www.w3schools.com/css" accesskey="c">Tutorial de CSS</a>
```

Ejemplo 3.8. Utilización de elementos semánticos para establecer accesos rápidos a vínculos de navegación.

Imágenes y mapas de imagen

Siempre debe existir un equivalente textual tanto para las imágenes como para los mapas de imágenes. En caso de ser una descripción breve se utilizará el atributo alt y para las descripciones largas se utilizará longdesc con un enlace a una página con una descripción larga. En el Ejemplo 3.9 se muestra el uso del atributo alt en un mapa de imágenes, pero podría haberse combinado perfectamente con el atributo longdesc.

```
<h2>Mapa de la Biblioteca</h2>
<img src="portada.png" alt="Mapa de imagen de las zonas de la biblioteca"usemap="#map1"/>
<map name="map1">
 <area shape="rect" coords="0,0,30,30" href="consulta.html" alt="Consulta"/>
 <area shape="rect" coords="34,34,100,100" href="medios.html" alt="Aula de informática"/>
</map>
```

Ejemplo 3.9. Utilización de alternativas textuales para imágenes y mapas de imágenes.

Audio y vídeo

Es con la llegada de HTML5 cuando se crea un verdadero ecosistema para poder incrustar y manejar multimedia en la web, puesto que surgen los elementos video y audio. En el Ejemplo 3.10 se muestra cómo se incluye un vídeo en una web sin necesidad de plugins ni herramientas de terceros. El códec utilizado es mp4 y es necesario proporcionar al usuario una alternativa para obtener el vídeo en caso de que no pueda reproducirlo en este momento.

```
<video controls>
 <source src="videos/video1.mp4" type="video/mp4" />
 Tu navegador no admite la etiqueta de video.
</video>
```

Ejemplo 3.10. Utilización del elemento *video* para incrustar un vídeo.

Existen dos formas de ofrecer subtítulos en los vídeos grabados:

- **Incrustados en el propio vídeo.** Se debe editar el vídeo previamente e incorporarle el subtítulo mediante una herramienta de edición de vídeo. Este subtítulo no podrá ser modificado a menos que volvamos a editar el vídeo.

- **Asociados en un fichero externo.** Se especifican los tiempos de aparición y desaparición de los textos, es decir, se sincroniza el texto con la imagen. Las tecnologías que permiten integrar el subtítulo con el vídeo son:

  — **SMIL.** Es el estándar de W3C basado en documentos XML.

  — **SAMI.** Tecnología propietaria de Microsoft.

A modo de resumen de cómo se deben incorporar vídeo y audio en una página se indican los siguientes consejos:

- **Vídeo en general.**

  — Evitar el empleo de destellos y parpadeos. Esto puede provocar ataques epilépticos. En caso de que fuera totalmente necesario, tratar de que no se realicen más de tres destellos por segundo y que el parpadeo no dure más de cinco segundos.

- **Vídeo grabado.**

  — Proporcionar una transcripción textual.

  — Permitir la descarga del fichero.

  — Incluir descripciones sonoras de las escenas cuando sea necesario. Es decir, que se incorpore la voz de un narrador describiendo la escena.

- **Vídeo en directo.**

  — Proporcionar subtítulos sincronizados con el audio en tiempo real. Es normal que exista un cierto retraso.

- **Audio grabado.**

  — Proporcionar una transcripción textual.

— Permitir la descarga del fichero.

— No incluir sonido de fondo o que este sea muy bajo.

- **Audio en directo.**

— Proporcionar una versión en texto, ya sea por una transcripción o subtítulos en tiempo real.

Formularios

Los formularios son el principal medio de comunicación con los usuarios, por esta razón hay que prestar especial interés en los mismos. Los formularios deben cumplir los siguientes requisitos:

- Permitir acceder a los formularios mediante teclado.

- Agrupar los controles dentro del formulario.

- Utilizar etiquetas para los controles de formulario.

- Alternativa textual para los botones gráficos.

Permitir acceder a los formularios mediante teclado

Para poder acceder a los elementos de un formulario mediante teclado se dispone de dos métodos. El primero consiste en configurar el orden de los elementos según se pulsa la tecla TABULADOR (Ejemplo 3.11) o mediante la creación de teclas de acceso rápido (Ejemplo 3.12).

En el Ejemplo 3.11 se muestra la definición de un formulario con dos elementos del tipo *input* a los cuales se les ha definido el atributo `tabindex` que permite establecer el orden de los elementos cuando se pulsa la tecla TABULADOR.

```
<form action="submit" method="post">
  <label for="campo2">Campo 2:
    <input id="campo2" tabindex="1" type="text" name="campo2" />
  </label>
  <label for="campo1">Campo 1:
    <input id="campo1" tabindex="2" type="text" name="campo1" />
  </label>
  <input tabindex="3" type="submit" value="Enviar"
name="enviar" />
</form>
```

Ejemplo 3.11. Acceder a formularios mediante teclado (I).

En el Ejemplo 3.12 se muestra cómo se ha definido la tecla de acceso rápido a uno de los elementos del formulario. En concreto al elemento label asociado a este campo del formulario. De este modo, cuando el usuario pulse el acceso rápido en el teclado se podrá posicionar en dicho campo del formulario.

```
<form action="submit" method="post">
  <label for="nombre" accesskey="N">Nombre: </label>
  <input type="text" id="nombre" name="usuario" />
  <input type="submit" value="Enviar" />
</form>
```

Ejemplo 3.12. Acceder a formularios mediante teclado (II).

Agrupar los controles dentro del formulario

Los formularios deben ser agrupados en unidades lógicas mediante el elemento fieldset y especificar cada una de las unidades con el elemento legend. En el Ejemplo 3.13 se muestra un formulario que ha sido estructurado utilizando los elementos semánticos para agrupar el formulario.

```
<form action="http://www.ejemplo.es/nuevoUsuario.php"
method="post">
   <fieldset>
   <legend>Ficha del usuario</legend>
   <label for="nombre">Nombre:</label>
   <input type="text" name="nombre" tabindex="1" /><br />

   <label for="apellidos">Apellidos:</label>
   <input type="text" name="apellidos" tabindex="2"/><br />
   </fieldset>

   <fieldset>
    <legend>Datos del automóvil</legend>
    <label for="marca">Marca:</label>
    <input type="text" id="marca" name="marca" tabindex="3"
/><br/>
    <label for="modelo">Modelo:</label>
    <input type="text" id="modelo" name="modelo" tabindex="4"
/><br/>
   </fieldset>

   <input type="submit" value="Registrar" />
</form>
```

Ejemplo 3.13. Agrupar los controles dentro del formulario.

Utilizar etiquetas para los controles de formulario

Es muy importante utilizar etiquetas para referenciar los elementos del formulario. Para ello, se hace uso del elemento `label`, el cual ha sido utilizado en los ejemplos anteriores. De este modo, se satisface uno de los puntos de verificación de prioridad 2: *Asocie explícitamente las etiquetas con sus controles.*

Alternativa textual para los botones gráficos

Al igual que con otros recursos, en el momento que se utilice un botón gráfico se debe suministrar una alternativa textual. En el Ejemplo 3.14 se muestra un botón de envío que ha sido modificado para que su apariencia sea la de una imagen gráfica. En este botón se proporciona un alternativa textual mediante el atributo `alt`.

```
<input type="image" name="submit" src="imagen.jpg" alt="Envío" />
```

Ejemplo 3.14. Botón gráfico de un formulario con alternativa textual.

Validador de W3C

En esta sección se va a presentar cómo utilizar el validador web proporcionado por la W3C. En la Figura 3.4 se muestra el menú que se nos mostrará si accedemos a la página oficial del validador (http://validator.w3.org/). En dicha página encontramos tres pestañas claramente diferenciadas:

- **Validate by URI.** Validación utilizando una dirección de internet donde tengamos alojado nuestro sitio web.

- **Validate by File Upload.** La validación se realiza subiendo el fichero HTML a la página y se realizará la validación.

- **Validate by Direct Input.** La validación se realiza directamente tecleando el código HTML en un formulario.

Las opciones que nos proporciona la herramienta para la validación son las siguientes:

- **Character Encoding**. Juego de caracteres a utilizar. Si no se establece se deja que sea el propio validador en función de la información del documento el que establezca el juego de caracteres. Es lo ideal, puesto que en el documento HTML se deberá haber establecido el juego de caracteres.

- **Document Type**. Esta opción nos permite seleccionar el tipo de documento que se desea validar. Del mismo modo que la anterior opción, lo normal es que se detecte automáticamente, puesto que en el mismo documento se habrá establecido el tipo de este.

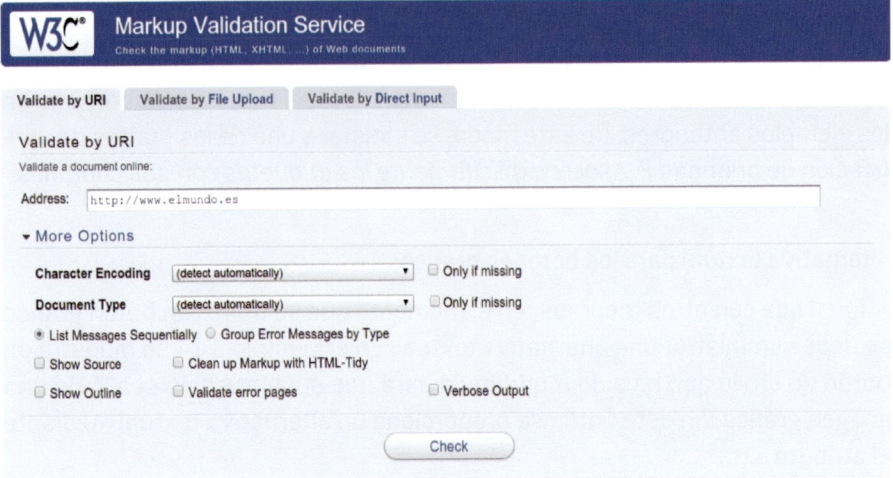

Figura 3.4. Validador de HTML de W3C.

- **List Message Sequentially – Group Error Messages by Type.** Permite mostrar los mensajes por orden de aparición en nuestro documento o agrupadas por el tipo de error.

- **Show Source.** En cada mensaje que se nos reporte se puede acceder al código fuente que lo ha provocado desde un enlace.

- **Show Outline.** Genera una estructura de la página basada en los encabezados de esta. En la Figura 3.5 se muestra el resultado generado para la página http://www.eltiempo.es.

- **Clean up Markup with HTML-Tidy.** El código es limpiado utilizando el *software* de HTML-Tidy, el cual corrige HTML inválido, detecta errores de accesibilidad y mejora el estilo de indentación (sangrado) del código.

- **Image report.** Permite comprobar los elementos gráficos que no disponen de una alternativa textual. En la Figura 3.6 se muestran los resultados relativos a las imágenes que sí tienen texto alternativo.

El resultado de una validación utilizando esta herramienta es el mostrado en la Figura 3.7. En esta imagen se muestra cómo existen algunas advertencias (*warning*) y errores (*error*) los cuales son documentados en las líneas que aparecen. Además, se indica qué es lo que está incorrectamente y cómo se puede subsanar el error o el aviso. De este modo, los desarrolladores obtienen una traza de errores que les permite construir *software* más accesible y obtener a la vez formación de buenas prácticas de desarrollo.

Document Outline

Below is an outline for this document, automatically generated from the heading tags (<h1> through <h6>.)

```
[h1] El Tiempo
    [h2] Predicciones más consultadas
[h1] MeteoColaborador
    [h2] ¿Se ha desbordado el río de tu localidad por las lluvias?
    [h2] Más alta hoy
    [h2] Más baja hoy
    [h2] Más viento hoy
        [h3] Nuestras APPs
[h1] Categorías
[h1] Te recomendamos...
    [h2] Planifica tu viaje
    [h2] Vuelta al cole
[h1] Categorías
[h1] Te recomendamos...
    [h2] Conoce nuestra previsión
    [h2] Curiosidades meteorológicas
    [h2] El Tiempo próximos 14 días
[h1] El Tiempo de hoy23 oct - 19:00
        [h3] Álava
            [h4] Vitoria
        [h3] Albacete
            [h4] Albacete
        [h3] Alicante
            [h4] Alicante
        [h3] Almería
            [h4] Almería
        [h3] Asturias
            [h4] Oviedo
        [h3] Ávila
            [h4] Ávila
        [h3] Badajoz
            [h4] Badajoz
        [h3] Baleares
            [h4] Palma de Mallorca
        [h3] Barcelona
            [h4] Barcelona
        [h3] Burgos
            [h4] Burgos
        [h3] Cáceres
            [h4] Cáceres
```

Figura 3.5. Resultado de la opción *outline* del validador de HTML.

Images with textual alternative

The following images have textual alternatives. Please review that the textual alternatives make sense considering the purpose of the image in the context of the page and that phrases like "Image of ..." are avoided.

Note that iconic images that are redundant with text next to them or purely decorative should have `alt=""` instead.

Image	Textual alternative	Location
Not resolvable	Varios refugiados caminan por las vías del tren.	From line 353, column 1; to line 353, column 190
Not resolvable	Amancio Ortega, el día de la boda de su hija en A Coruña, en marzo...	From line 449, column 1; to line 449, column 211
Not resolvable	Una de las supervivientes (dcha.) de Libourne.	From line 468, column 1; to line 468, column 188
Not resolvable	Pedro Sánchez, esta mañana en Oviedo.	From line 663, column 1; to line 663, column 179
Not resolvable	Esta imagen de la Unión Africana muestra a Mohammed, un niño somalí...	From line 750, column 1; to line 750, column 212
Not resolvable	[foto de la noticia]	From line 877, column 118; to line 877, column 315
Not resolvable	Tym Curry como Frank-N-Furter en 'The Rocky Horror Picture Show'.	From line 1127, column 1; to line 1127, column 225
Not resolvable	Santiago González	From line 1159, column 1; to line 1159, column 157
Not resolvable	Ángel Jiménez de Luis	From line 1183, column 1; to line 1183, column 152
Not resolvable	Arcadi Espada	From line 1207, column 1; to line 1207, column 160
Not resolvable	Alberto Rey	From line 1231, column 1; to line 1231, column 141
Not resolvable	Fernando Sánchez Dragó	From line 1255, column 1; to line 1255, column 149
Not resolvable	[foto de la noticia]	From line 1343, column 175; to line 1343, column 378
MARCA.COM	Marca.com	From line 1625, column 98; to line 1625, column 200

Figura 3.6. Imágenes con texto alternativo proporcionado por el validador de HTML.

6.	**Warning** The `language` attribute on the `script` element is obsolete. You can safely omit it.

From line 78, column 1; to line 78, column 101

```
pt></div>-<script type="text/javascript" language="JavaScript" src="http://estaticos.elmundo.es/js/comunes.js">
</scri
```

7.	**Warning** The `language` attribute on the `script` element is obsolete. You can safely omit it.

From line 79, column 1; to line 79, column 116

```
</script>-<script type="text/javascript" language="javascript"
src="http://estaticos.cookies.unidadeditorial.es/js/policy.js"></scri
```

8.	**Error** `&` did not start a character reference. (`&` probably should have been escaped as `&amp;` .)

At line 156, column 183

```
if?p=elmundo.es&t=1445614953&f
```

9.	**Error** `&` did not start a character reference. (`&` probably should have been escaped as `&amp;` .)

At line 156, column 196

```
es&t=1445614953&f=b5cda71763ec
```

10.	**Error** `&` did not start a character reference. (`&` probably should have been escaped as `&amp;` .)

At line 160, column 62

```
d=MENUPROD26501&s_kw=loc" titl
```

11.	**Error** `&` did not start a character reference. (`&` probably should have been escaped as `&amp;` .)

At line 161, column 65

```
d=MENUPROD26501&s_kw=yodona" t
```

12.	**Error** `&` did not start a character reference. (`&` probably should have been escaped as `&amp;` .)

At line 162, column 57

```
d=MENUPROD26501&s_kw=ocholegua
```

Figura 3.7. Resultados de la validación de HTML.

3.1.3. Técnicas CSS

A lo largo de la sección anterior se han hecho muchas referencias a que el trabajo de maquetación y apariencia es realizado por las hojas de estilos. En esta sección se van a describir algunas buenas prácticas y técnicas en hojas de estilos que deben llevarse a cabo para construir sitios web accesibles:

1. **Reducir el mantenimiento y aumentar la coherencia**

   1.1. Use el mínimo número de hojas de estilo. Trabaje en un único documento o realice una compactación de estas, puesto que seguramente la mayoría de las reglas se pueden reutilizar entre las diferentes páginas. Además, esto proporciona coherencia a las páginas web, ya que mantienen una maquetación similar.

   1.2. Use hojas de estilos vinculadas en lugar de utilizar estilos en línea (en el propio elemento HTML). De este modo, se consigue centralizar todas las reglas en un único sitio, de manera que sean manejables y más fácilmente modificables.

   1.3. Utilice clases de CSS para compartir estilos entre diferentes elementos en lugar de definirlos en identificadores únicos para cada uno de los elementos de la página.

2. **Permitir al usuario redefinir los estilos**

Los usuarios deben poder configurar los estilos de la página, puesto que algunas personas pueden querer modificar el tamaño de la letra debido a que no lo pueden leer claramente o quieren modificar los colores por alguna razón médica.

3. **Unidades de medida**

3.1. Debe utilizar la unidad rem para el tamaño de la letra, ya que esta medida es relativa al tamaño de la tipografía.

3.2. Debe utilizar medidas relativas y de porcentajes, puesto que existe un gran abanico de dispositivos de diferentes tamaños.

3.3. Utilice medidas absolutas solamente cuando se conocen las características físicas del medio de salida.

```css
h1 { font-size: 4rem}
body {
  margin-left:10%;
  margin-right:5%;
}
.tarjeta { font-size:12pt}
```

Ejemplo 3.15. Unidades de medida recomendadas en CSS.

4. **Contenidos generados**

4.1. Proporcionar un equivalente textual para cualquier imagen o texto generado por la hoja de estilo. Esto se puede realizar utilizando las propiedades background-image, list-style o content.

4.2. Es muy importante que todo el contenido relevante aparezca en el documento como contenido. El texto que se genera en las hojas de estilos no forma parte del código fuente del documento y es menos accesible por las personas y sistemas automáticos.

4.3. Los pseudoelementos :before y :after junto a la propiedad content permiten insertar contenido que guía a los usuarios en los contenidos, pero no es información puramente de contenido. Por ejemplo, en el Ejemplo 3.16 se muestra el uso de los pseudoelementos para generar contenido informando del final de una determinada sección o para mantener contadores de párrafos.

```
.ejemplo:after{
  content: "Fin Ejemplo";
}
p:before{
  content: counter(paragraph) ". ";
  counter-increment: paragraph;
}
```

Ejemplo 3.16. Utilización de pseudoelementos para incorporar
información de guía a los usuarios.

4.4. Del mismo modo, se dispone de las propiedades cue-before y cue-after que permiten reproducir sonidos antes y después del contenido de un elemento.

5. **Tipos de letras**

5.1. Siempre se debe especificar un tipo de letra genérico por defecto para que, en caso de que haya un problema en la carga de la fuente, el navegador elija una tipografía. Esto es bastante fácil de conseguir, puesto que en la propiedad font-family se puede definir una lista de tipografías y se utilizará la primera que se pueda cargar. Por ello, lo ideal es situar en último lugar la tipografía genérica. En el Ejemplo 3.17 se muestra cómo debe ser utilizada dicha regla.

```
p { font-family: "Times New Roman", sans-serif;}
```

Ejemplo 3.17. Utilización de fuentes genéricas.

5.2. Se deben utilizar las propiedades que están estandarizadas por la W3C para declarar las propiedades de las tipografías tales como font-family, font-size, font-style, font-variant, font-weight.

6. **Efectos de estilo del texto**

6.1. Hay transformaciones y efectos del estilo del texto que pueden llevarse a cabo directamente desde la hoja de estilos sin necesidad de recurrir a transformaciones en el lenguaje de programación JavaScript. Por ejemplo, para transformar en mayúsculas y minúsculas se puede utilizar text-transform.

6.2. Para efectos de sombra, se dispone de text-shadow.

6.3. Subrayado, tachado y parpadeo se pueden realizar utilizando la propiedad text-decoration. No se deben utilizar elementos de HTML como blink y marquee, puesto que no está estandarizados.

7. Formateo y posición del texto

7.1. Utilice `text-indent` para crear sangrías en los textos y no utilice elementos como `blockquote`.

7.2. El espacio de letras o palabras se debe construir utilizando las propiedades `letter-spacing` y `word-spacing`.

7.3. Como es sabido por el lector, el espacio en blanco en HTML es omitido, pero los espacios en blanco pueden ser controlados con la propiedad `white-space`.

7.4. La dirección del texto es manipulada utilizando las propiedades `direction` y `unicode-bidi`.

7.5. Si se desea gestionar el aspecto visual de la primera letra o primer párrafo de algún elemento, se debe hacer uso de los pseudoelementos `:first-letter` y `:first-line`. En el Ejemplo 3.18 se muestra cómo se cambia la apariencia de las primeras letras de todos los párrafos, en concreto, se está incrementando el tamaño al doble de la tipografía normal y se está modificando el color. Esto es maquetación pura y debe estar en la hoja de estilos.

```html
<!DOCTYPE html>
<html lang="es">
 <head>
   <meta charset="UTF-8" />
   <title>Circo</title>
   <style>
    body {
      font-family: "Arial", sans-serif;
      background-color: #fff3e6;
      padding: 20px;
      text-align: center;
    }
    p {
      font-size: 1.2rem;
      margin: 15px 0;
    }
    p::first-letter {
      font-size: 200%;
      color: #4b4ab2;
      font-weight: bold;
    }
    h1 {
      color: #ff5733;
```

```
      font-size: 2rem;
      border-bottom: 3px solid #4b4ab2;
      margin-bottom: 20px;
    }
  </style>
</head>
<body>
  <h1>El Circo</h1>
  <p>Había una vez, un circo</p>
  <p>Que alegraba siempre el corazón</p>
  <p>Lleno de color, un mundo de ilusión,</p>
  <p>Pleno de alegría y emoción</p>
</body>
</html>
```

Ejemplo 3.18. Utilización de pseudoelementos de CSS.

8. **Colores**

   8.1. Debe utilizar números en lugar de nombres para especificar los colores.

   8.2. Las propiedades que debe utilizar para definir los colores son las siguientes:

   - **color.** El color del primer plano del texto.

   - **background-color.** El color de fondo.

   - **border-color, outline-color.** Colores de bordes.

   - **:link, :visited, :actived.** Se utilizarán las pseudoclases para los vínculos.

En el Ejemplo 3.19 se muestra cómo se deben definir colores para el elemento h1. En este caso se ha hecho uso de los colores en notación hexadecimal para las propiedades color y background-color mientras que se ha utilizado la función rgba para definir el color del border con la propiedad border-color.

```
h1{
   color:#404040;
   background-color: #505050;
   border-color: rgba(50%, 50%, 50%, 0.5);
}
```

Ejemplo 3.19. Colores en CSS.

8.3. Es importante que la información no se transmita solo por el color. Para ello, se complementan los colores con las siguientes buenas prácticas:

- Se debe utilizar texto siempre como "Ejemplo", "Figura" en lugar de utilizar colores para definir los ejemplos y las figuras.

- Agregar la frase "fin de ejemplo" o "fin de explicación" oculta con la propiedad `display:none` para que los lectores de los usuarios puedan leer dicha frase y no se muestre al resto de usuarios.

- Remarque elementos importantes con bordes.

9. Líneas y bordes

Para la confección de líneas y bordes, se deben utilizar las siguientes propiedades:

- **border, border-width, border-style, border-color**. Son las propiedades utilizadas para configurar los bordes de cualquier elemento.

- **border-spacing, border-collapse**. Son las propiedades que se deben utilizar para definir los bordes de las tablas.

- **outline, outline-color, outline-style, outline-width**. Son las propiedades que deben ser utilizadas para contornos dinámicos.

10. Hojas de estilo en cascada auditivas

Se deben confeccionar hojas de estilos en cascada que permitan transmitir información auditiva tanto para las personas invidentes como para los usuarios que por alguna causa no puedan consultar la información de manera tradicional. En las hojas de cascada se pueden definir las voces y algunas configuraciones de un modo similar a cómo se hace con la tipografía. En el Ejemplo 3.20 se muestra cómo se ha seleccionado un tipo de voz (`voice-family`), énfasis (`stress`) y riqueza (`richness`). Además de las propiedades anteriormente citadas, existen otras interesantes propiedades:

- **volume**. Permite controlar el volumen del texto hablado.

- **speak**. Permite establecer si el contenido se leerá y, en caso afirmativo, si se debe deletrear o leer como palabras.

- **pause, pause-before, pause-after**. Permiten controlar las pausas antes y después de leer el contenido.

- **cue, cue-before, cue-after**. Permiten especificar un sonido que se reproducirá antes y después del contenido.

- **play-during**. Permite controlar los sonidos de fondo durante la presentación del elemento.

- **azimuth, elevation**. Permite distinguir entre varias voces.

```
h1{
    voice-family: Carlos;
    stress: 20;
    richness: 90;
}
```

Ejemplo 3.20. Utilización de hojas de estilo en cascada auditivas.

11. Tipos de medios

Hoy en día es muy importante establecer el tipo de medio sobre el que se deben establecer las reglas de la hoja de estilo. No solamente para los usuarios invidentes, sino porque las versiones de nuestra página web deben ser diferentes si se van a reproducir en una pantalla de grandes dimensiones o en un móvil, igualmente si es contenido que debe ser impreso (no habrá que reproducir las imágenes). La definición de los tipos de medios es construida utilizando la técnica conocida como *media queries* de CSS. En el Ejemplo 3.21 se muestra la definición de las reglas para el elemento body solamente en pantallas de visualización con un tamaño mínimo de 480 píxeles.

```
@media screen and (min-width: 480px) {
    body {
        background-color: lightgreen;
    }
}
```

Ejemplo 3.21. *Media queries* en CSS.

Los tipos de medios que se pueden utilizar hoy en día son los siguientes:

- **all**. Para cualquier tipo de medio.

- **print**. Para formato que pueda ser impreso.

- **screen**. Para pantallas de ordenador, tabletas, teléfonos móviles, etc.

- **speech**. Para lectores de pantallas (herramientas de ayuda).

Algunas de las características que además se pueden controlar con los medios son:

- Altura (`width`) y anchura (`height`) de la pantalla.

- Orientación (`orientation`), ya sea vertical u horizontal.

- Resolución (`resolution`).

- Máximo (`max-color`) y mínimo (`min-color`) número de colores.

Validador de W3C

En esta sección se va a presentar cómo utilizar el validador web proporcionado por la W3C para validar las hojas de estilos. En la Figura 3.8 se muestra el menú que se nos mostrará si accedemos a la página oficial del validador (https://jigsaw.w3.org/css-validator/). Dicha página tiene la misma interfaz de usuario que el mostrado en la validación de HTML. Esto es así porque la W3C ha tratado de unificar las herramientas y que sean de fácil manejo. Por lo tanto, todo lo descrito para dicho validador es idéntico en este validador.

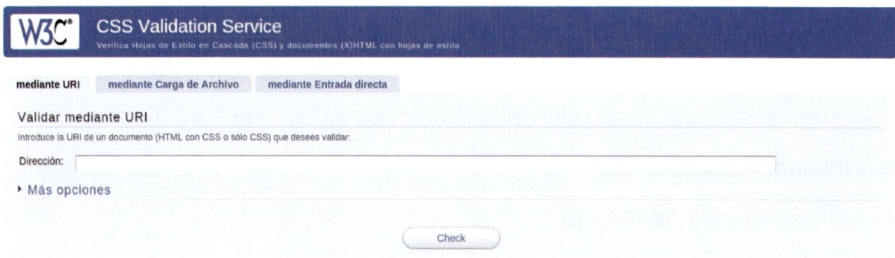

Figura 3.8. Validador de CSS de W3C.

El resultado de una validación utilizando esta herramienta es el mostrado en la Figura 3.9. En esta imagen se muestra cómo no se ha producido ningún error en la validación y es la propia W3C la que nos sugiere que utilicemos sus logos oficiales para indicar que nuestra página web supera la validación que ellos recomiendan.

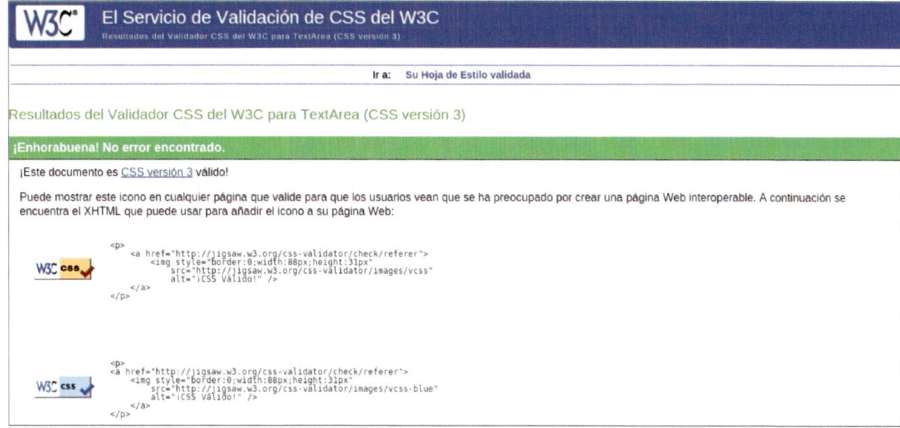

Figura 3.9. Resultados de la validación de CSS por la W3C sin errores.

3.2. Herramientas de depuración para distintos navegadores

En el desarrollo de aplicaciones informáticas es normal que se produzcan errores sintácticos o lógicos. Los errores sintácticos son los más sencillos de localizar, puesto que muchos IDE te remarcan de alguna manera que algo no está correctamente, mientras que los errores lógicos son los que pueden provocar verdaderos problemas a los desarrolladores. Los errores lógicos pueden disparar alguna alarma (excepción) y a partir de ahí comenzar a analizar detenidamente qué sucede o, por otro lado, simplemente el resultado es un valor inesperado. En ambos casos hay que analizar qué está sucediendo con nuestras variables y con nuestro flujo de ejecución para poder detectar qué está sucediendo en nuestro *software*.

En esta sección se van a presentar las herramientas suministradas por los diferentes navegadores para localizar los errores en el desarrollo de nuestras aplicaciones. En este libro nos centraremos en las herramientas que proporcionan los navegadores principales tales como Mozilla Firefox y Google Chrome. Las herramientas de depuración que se van a presentar han sido clasificadas según en la capa del desarrollo de aplicaciones en las que son utilizadas.

- Utilidades para HTML.
- Utilidades para JavaScript.
- Utilidades para CSS.
- Utilidades para DOM.

3.2.1. Utilidades para HTML

Las herramientas de desarrollo de Mozilla Firefox y Google Chrome permiten revisar las representaciones internas de una página web en el propio explorador. Para abrir las herramientas de desarrollo, presione F12 en cualquiera de los dos navegadores. En la Figura 3.10 se muestra la ventana de herramientas de desarrollo para el navegador Mozilla Firefox. Una vez iniciadas, las herramientas de desarrollo pueden estar en su propia ventana o anclarse a la instancia del explorador desde la que se han abierto. Cada pestaña de los navegadores tiene su propia instancia de las herramientas de desarrollo.

Seleccionar objetos en una página web

Para analizar el código HTML, es muy interesante poder seleccionar los objetos de los que se compone una página web. Para seleccionar un elemento, debe activar el modo selección HTML, esquina superior izquierda del inspector de elementos, y posteriormente puede resaltarlo directamente desde la propia página web o navegue a través del código HTML y seleccione el elemento que desea.

Esta herramienta permite analizar la hoja de estilos (CSS) o el DOM, puesto que una vez que el elemento está seleccionado se puede observar qué reglas de CSS tiene asignadas o qué eventos están asociados al mismo. Se analizarán en detalle las hojas de estilos y el DOM en las siguientes secciones.

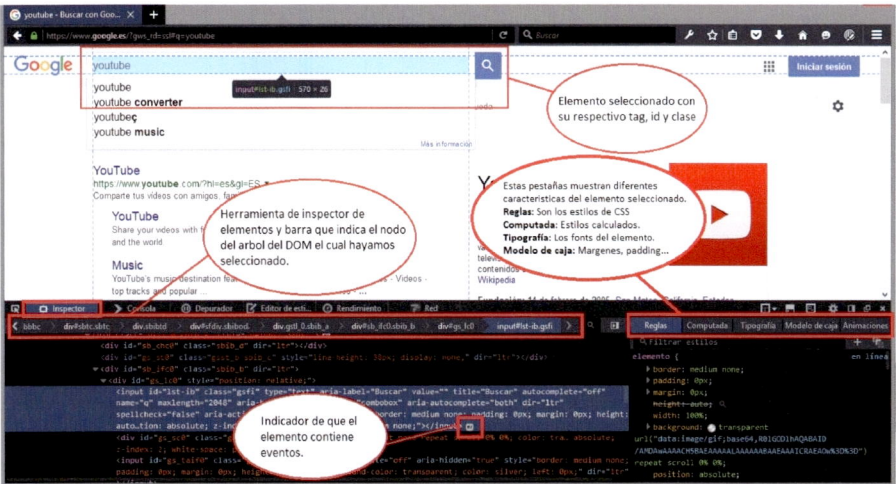

Figura 3.10. Inspector de elementos de Mozilla Firefox.

La pestaña correspondiente al HTML permite inspeccionar la estructura de los elementos HTML de los que se compone una página web. La pestaña HTML está dividida en dos partes. La parte de la izquierda muestra el contenido principal, es decir, la estructura HTML que el navegador está interpretando. Por otro lado, en la parte de la derecha se visualizan las propiedades de hojas de estilos, tipografía, eventos asociados del elemento que se ha seleccionado.

En la parte de la izquierda se presenta el modelo DOM en una estructura de árbol con nodos que pueden ser expandidos o contraídos para poder ir seleccionando los elementos de HTML más profundos o menos. Esta parte permite investigar e inspeccionar el código fuente de HTML, en búsqueda de alguna errata. Los atributos y valores de los elementos de HTML se pueden editar desde el panel derecho para poder visualizar el efecto de modificar dichos atributos en nuestra página web. Además, se pueden modificar propiedades de las hojas de estilos desde este panel o modificar las funciones de JavaScript y visualizar qué está sucediendo.

3.2.2. Utilidades para JavaScript

El primer paso para identificar qué está sucediendo en nuestro código es mostrar mensajes que nos permitan ir realizando una pequeña trazabilidad sobre el código de un modo no intrusivo en el desarrollo, es decir, no se deben utilizar las funciones alert o confirm para realizar la traza de las variables.

Las trazas básicas que se aplican sobre nuestras variables son la de mostrar mensajes que nos permitan visualizar los valores de las variables. Existen tres tipos de mensajes que se pueden enviar y son:

- Registro (console.log);

- Aviso (console.warn).

- Error (console.error).

Los tres métodos anteriores permiten recibir texto, variables primitivas, objeto JSON, función o elemento del DOM. Siempre teniendo abierta la consola de depuración, para que se realice la traza de nuestros mensajes, y la pestaña denominada consola, se podrán visualizar las trazas del código. En el código que se esté desarrollando se podrá escribir en cualquier momento la invocación de los métodos anteriormente visto tal y como se muestra en el Ejemplo 3.22. El funcionamiento de los métodos log, warn y error es exactamente igual, la única diferencia será que se podrán realizar filtrados por el tipo de mensaje y el color en el que aparecerán en la consola.

```javascript
console.log("Mensaje de prueba"); // Mandar un mensaje de texto
console.log(this); // Objeto DOM
console.log("Texto previo a un objeto:", {a:1, b:2, n:[1, 2, 3]});
console.clear();// Limpiar consola
```

Ejemplo 3.22. Utilización del método *log* del objeto *console*.

En las últimas versiones de los navegadores se ha sumado la posibilidad de visualizar los datos de un objeto tabulado utilizando el método table del objeto console. De modo que se muestren los datos en una tabla siendo una fila para cada uno de los objetos de una lista de objetos. En el Ejemplo 3.23 se muestra la declaración de una variable a modo de prueba con tres componentes: nombre, apellido1 y edad, que posteriormente será tabulada utilizando console.table.

```javascript
const objetos = [
    { nombre: "Fernando", apellido1: "Gutiérrez", edad: 21},
    { nombre: "Carlos", apellido1: "Caballero", edad: 30 },
    { nombre: "Jesús", apellido1: "García", edad: 26 }
];
console.table(objetos);
```

Ejemplo 3.23. Utilización del método *table* del objeto *console*.

Puntos de ruptura (breakpoints)

Los puntos de ruptura o *breakpoints* son la mejor forma de poder detectar errores en nuestro código y es una técnica utilizada en todos los lenguajes de programación gracias a los diferentes IDE. En el desarrollo de código JavaScript existen dos tipos de puntos de ruptura:

- Puntos de ruptura **manuales** son los que se especifican directamente en la línea de código.

- Puntos de ruptura **condicionales** son los que se ejecutan cuando se cumple una condición específica.

Para acceder a los puntos de ruptura, se debe acceder a la sección de código fuente (*sources*) del navegador. En la Figura 3.10 se muestra la parte de control derecha donde se encuentran definidos todos los puntos de ruptura para la depuración.

Para definir puntos de ruptura **manuales** existen dos modos de hacerlo:

1. Utilizando la palabra reservada *debugger* (solo en Google Chrome). Esto nos permitirá abrir el modo depuración y se detendrá la ejecución activando el punto de ruptura manual.

2. Desde el código fuente se puede pinchar sobre la línea de código donde se desea incorporar un punto de ruptura. Automáticamente, en la parte derecha de la interfaz aparecerá el punto de ruptura. Si se desea quitar el punto de ruptura, basta con volver a pinchar sobre el elemento. En la Figura 3.11 se muestra justamente la creación de un punto de ruptura mediante este método.

Figura 3.11. Definir punto de ruptura manual de JavaScript desde el código fuente.

Para definir puntos de ruptura **condicionales** existen varios métodos:

- Utilizando el objeto XMLHttpRequest.

- Eventos de JavaScript.

- Excepciones no capturadas.

El primero de los puntos de ruptura condicionales corresponde a comenzar a analizar el código una vez se reciba una respuesta desde una llamada AJAX. El segundo de los casos es cuando se produce alguno de los eventos de JavaScript y, finalmente, la última condición se produce cuando existen excepciones que no han sido capturadas por el desarrollador.

Por ejemplo, para los eventos de JavaScript se puede suponer que se dispone de un botón con un evento *click* al cual se puede definir un punto de ruptura condicional cuando se produzca el evento. En la Figura 3.12 se muestra la definición de dicho punto de ruptura.

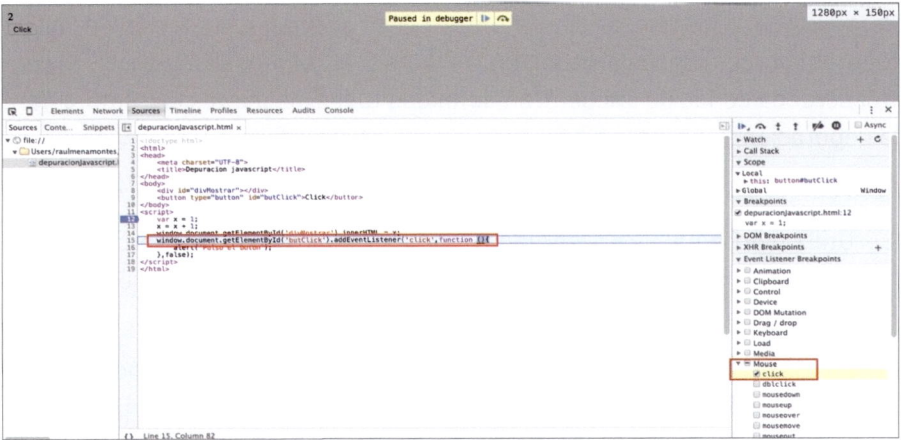

Figura 3.12. Definir punto de ruptura condicional de eventos.

Los controles de ejecución en todos los puntos de ruptura son los siguientes:

- **Resume**. Continúa con la ejecución hasta el siguiente punto de ruptura. En caso de que no haya más puntos de rupturas, se produce una ejecución normal.

- **Long resume**. Continúa la ejecución con puntos de ruptura desactivados durante 500 ms. Esto es útil cuando momentáneamente no es necesario que se detenga la ejecución de todos los puntos de ruptura. Por ejemplo, dentro de un bucle puede ser necesario desactivar los puntos de ruptura para que se permita salir de dicho bucle.

- **Step over**. Avanza a la siguiente línea de ejecución del código.

- **Step into**. Si la línea contiene una llamada a una función esto permite introducir la ejecución dentro de dicha función y analizarla también con detalle.

- **Step out**. Ejecuta el resto de la función que se está explorando y se pausa en la siguiente sentencia después de finalizar la llamada de la función. Es equivalente a salir de la función en la que se introdujo para hacer el análisis.

- **Deactivate breakpoints.** Temporalmente se desactivan todos los puntos de ruptura. Esto es útil para finalizar la ejecución sin los puntos de ruptura para volver a comenzar. Se pueden volver a activar todos los puntos de ruptura volviendo a invocar esta funcionalidad.

- **Pause on exceptions.** Automáticamente se detiene el código cuando una excepción ocurre.

Además, es importante resaltar que, una vez que se ha detenido la ejecución de un código debido a un punto de ruptura, se puede observar la ruta de ejecución en el apartado *Call Stack,* el cual permite ir observando en sentido inverso las invocaciones de las funciones.

3.2.3. Utilidades para CSS

La depuración de hojas de estilos no está tan avanzada como la depuración de código JavaScript, debido a que en CSS las herramientas de depuración para CSS suelen enfocarse más en aspectos visuales y de estilo. No obstante, desde los propios navegadores se dispone de un conjunto de herramientas que facilitan la tarea de identificar qué puede estar provocando un resultado no apropiado.

Desde el inspector de elementos, al seleccionar un elemento cualquiera del código HTML, podemos seleccionar el espacio dedicado a los estilos (*styles*) desde el cual se pueden observar las reglas de CSS que se están aplicando sobre dicho elemento. En la Figura 3.13 se muestran los estilos que se aplican a un elemento de HTML previamente seleccionado. Observe que el elemento en este caso es body, pero no necesariamente tiene que ser este, puesto que puede ser que el elemento que se haya seleccionado esté tomando propiedades heredadas de otro elemento. En este apartado se pueden observar qué reglas se están aplicando y, más importante, se pueden desmarcar para que dejen de surgir efecto y ver qué sucede o se pueden editar en tiempo real para observar qué cambio se produce sobre nuestra aplicación web.

Figura **3.13**. Control de las propiedades CSS en Google Chrome.

Además de poder habilitar o modificar las propiedades de los elementos, se dispone de un filtro para buscar el elemento, la propiedad o el valor que permite facilitar la tarea de encontrar exactamente lo que se quiere modificar. Además, a veces es interesante poder modificar u observar las propiedades de los elementos cuando se encuentran en diferente estados (por ejemplo :hover) y estas herramientas permiten forzar los estados. Otro de los quebraderos de cabeza cuando se está depurando hojas de estilos es conocer exactamente el tamaño que ocupa el contenedor, su borde, márgenes y rellenos. Estas propiedades son fácilmente visibles con estas herramientas. En la Figura 3.14 se muestran todas estas herramientas resumidas en una única imagen.

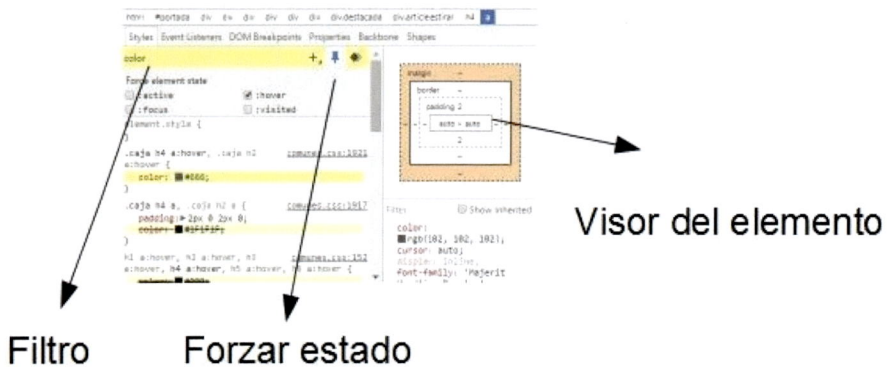

Figura 3.14. Herramientas para facilitar la depuración de CSS.

Hoy en día es necesario desarrollar aplicaciones web que sean adaptativas a diferentes tamaños de pantallas pero no se dispone de dispositivos para poder ver el resultado de la página web en todos los dispositivos. Los navegadores permiten ver el resultado de nuestra aplicación web en diferentes dispositivos para ello existe una opción en el menú con forma de dispositivo móvil que, al pulsarlo, cambia completamente el aspecto de nuestra herramienta de depuración. En la Figura 3.15 se muestra la página de Google con la interfaz de depuración para dispositivos móviles. Lo primero que se debe observar es que se permite escoger entre una lista de dispositivos móviles previamente preconfigurados, los más populares del mercado, además de si su disposición es vertical u horizontal, si se dispone de internet o no. En caso de que no tengamos claro nuestro dispositivo se pueden establecer dimensiones concretas y simular eventos de tocar la pantalla (*touch*) para comprobar el correcto funcionamiento de nuestra aplicación en dicho dispositivo.

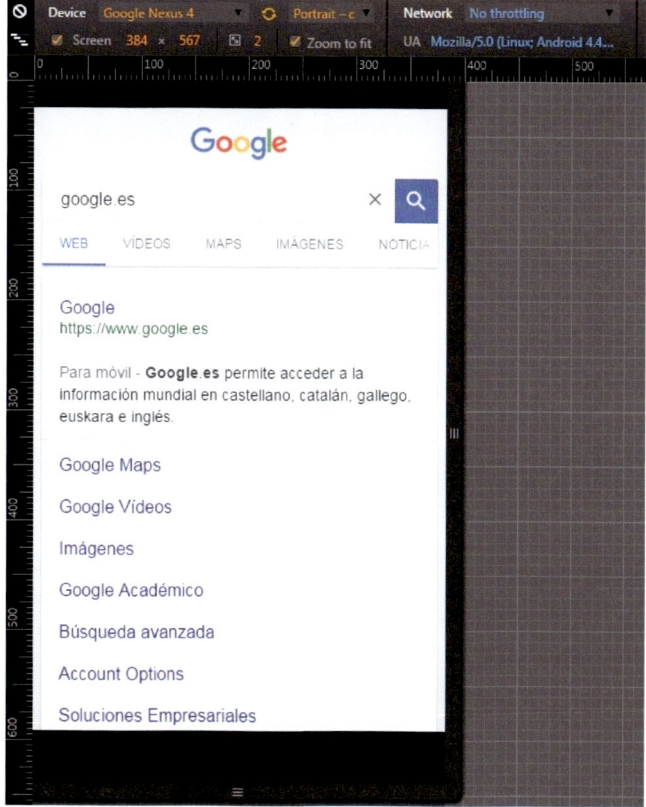

Figura 3.15. Depuración de CSS en dispositivos móviles.

3.2.4. Utilidades para DOM

Las utilidades del DOM han sido mostradas poco a poco a lo largo de las diferentes secciones, puesto que aunque se quiera separar como un apartado de depuración diferenciado es imposible debido a que todo está fuertemente entrelazado. No obstante, a modo de resumen y para mostrar nuevas funcionalidades del inspector de elementos, se procede a continuación a indicar algunas características de interés:

- Los datos cambian en tiempo real resaltándolos para mejor detección (Figura 3.16). Es decir, si se está ejecutando código que manipula el DOM y se está observando el DOM, se podrán ver las modificaciones que sufre el código en el momento que se producen.

- Se pueden manipular los datos desde el inspector. Esto significa que se puede cambiar la página desde el inspector de elementos para probar el código o verlo de diferente manera a la actual (Figura 3.16).

```
▶ <td></td>
▶ <td></td>
▼ <td>
    <img id="img6" class="clasenueva" src="img/img03.png"></img> 🔁
  </td>
</td>
</tr>
/tbody>
able>
```

Figura 3.16. Depuración de DOM utilizando Mozilla Firefox.

- Ver los eventos de los elementos. Es posible ver los eventos que tienen asociados los elementos. La herramienta señala si el elemento tiene un evento, y además se puede visualizar el código del mismo (Figura 3.17).

Figura 3.17. Depuración de los eventos utilizando Mozilla Firefox.

- Se pueden visualizar los estilos que están relacionados con cada elemento del DOM. Los estilos mostrados son del elemento seleccionado y se pueden cambiar, quitar, deshabilitar temporalmente o agregar más (Figura 3.13).

- Es posible visualizar el modelo de cajas, es decir, la distribución del elemento. En concreto es posible ver las propiedades `offset`, `margin`, `border`, `padding`, `width`, `height` (Figura 3.14).

- Los estilos calculados según los demás elementos (Figura 3.14).

- Además, es posible observar la tipografía del elemento, para poder cambiarla y ver el aspecto visual de modificarla.

ACTIVIDADES

3.1. Enumere las ventajas de usar los estándares propuestos por el W3C.

3.2. Construya una página web personal en la que estructure su información a modo de *curriculum vitae* teniendo en cuenta las siguientes características:

- La información que deberá contener está dividida en tres grandes bloques:

    — Datos personales. Al margen de los datos básicos personales, debe tener un apartado para indicar una dirección de contacto física.

    — Estudios/conocimientos. Agrupe algunos trabajos realizados durante su etapa de estudiante en un fichero descargable.

    — Experiencia laboral. Describa cada uno de sus trabajos pasados agrupados en un lenguaje comprensible por los lectores.

- Debe utilizar los elementos semánticos y elementos de marcado incorporados en HTML5.

- Debe construir la página de modo que tenga separada totalmente el código de HTML, CSS y JavaScript.

- Se debe incorporar un sistema de navegación para navegar entre varias páginas de su sitio web.

- La página web estará en el idioma español, pero debe incorporar algunas palabras en otro idioma en su proyecto web.

3.3. Revise utilizando los validadores de HTML y CSS de la W3C la página anteriormente creada hasta conseguir que no haya ningún error de validación grave. No obstante, pueden existir avisos (*warning*) si utiliza las últimas novedades.

3.4. Incluya contenido multimedia en su página de modo que necesite realizar la adaptación de accesibilidad. El contenido que debe incorporar es:

- Varias imágenes. Debe permitir que todos los usuarios puedan acceder al contenido relevante.

- Al menos un vídeo. Se deben incorporar subtítulos o las trascripciones para que sean accesibles.

3.5. Modifique los formularios web construidos en la relación de ejercicios del Capítulo 1 e incorpore la característica de poder acceder a los formularios utilizando el tabulador y acceso rápido con teclas a los diferentes elementos del formulario. Finalmente, agrupe los formularios por bloques temáticos utilizando los elementos fieldset, legend y label.

3.6. Para conseguir minimizar el máximo número de ficheros de hojas de estilos que debe utilizar y su contenido, trate de utilizar alguna herramienta que minifique el código CSS en un único fichero y ocupando el menor tamaño posible para los proyectos anteriores.

3.7. Respecto a su página web de *curriculum vitae* modifique la hoja de estilo para que las imágenes que ha incorporado incluyan el texto "Inicio imagen" y "Fin imagen" antes y después de la aparición de cada una de ellas.

3.8. Construya una versión para dispositivos pequeños y tabletas de su página web, de modo que cambien algunas propiedades de esta cuando el tamaño del dispositivo sea menor de 480 píxeles utilizando para ello *media queries*.

3.9. Construya una versión imprimible de su página web en la cual las imágenes no se muestren y la tipografía de la página web se transforme en alguna de tipo serif.

3.10. Utilizando el inspector de elementos con la página web de http://www.google.es modifique el logo de Google por el de la compañía Yahoo!.

3.11. Utilizando el inspector de elementos con la página web de http://www.amazon.es revise los eventos que tienen asociados algunos botones. Observe el código que tienen y modifíquelo para que al pulsarse el botón emita un mensaje en alert o en Consolas.

3.12. Utilizando el depurador de código de los navegadores web trate de arreglar y completar los códigos JavaScript mostrados en los Ejemplos 3.24 y 3.25. El código del Ejemplo 3.24 genera un conjunto de valores aleatorios y los introduce en un array denominado aNumeros, el código debe mostrar en el elemento HTML llamado resultado la suma de todos los valores generados aleatoriamente. Por otro lado, el código del Ejemplo 3.25 recoge de un elemento *input* llamado txtTexto una cadena de caracteres la cual se mostrará girada en el div llamado resultado cuando se pulse el botón llamado butEnvia. Para realizar la depuración de los dos códigos se recomienda seguir los siguientes pasos:

- Observe inicialmente si el código dispara excepciones sin capturar. Estas excepciones son el primer punto por el que comenzar, puesto que lo primero que debe hacer es tratar de que el código no dispare errores.

- Observe si el código cumple con las funcionalidades descritas; en caso de que no lo haga, empiece a introducir trazas de las variables utilizando *console.log*.

- Pare la ejecución con puntos de ruptura manuales y observe el contenido de las variables.

- Pare la ejecución con puntos de ruptura condicionales (si es necesario) cuando se disparen diferentes eventos.

```html
<!DOCTYPE html>
<html>
  <head>
    <title>Ejercicio de depuración 1</title>
    <meta charset="UTF-8" />
  </head>

  <body>
    <div>Observe la consola</div>
    <div id="resultado"></div>
  </body>
  <script>
    let i = 0;
    const MAX_TAMANHO = 20;
    const MAX_NUMERO = 50;
    for (let i = 0; i < MAX_TAMANHO; i++)
      aNumeros.push(parseInt(Math.random() * MAX_NUMERO) +
1);
    console.log(aNumeros[MAX_NUMERO]);
    /*Código que haga la suma de todos los elementos*/
    window.document.getElementById("resultado").innerHTML =
sumaTotal;
    console.log(sumaTotal);
  </script>
</html>
```

Ejemplo 3.24. Ejercicio de depuración 1.

```
<!DOCTYPE html>
<html>

  <head>
    <title>Ejercicio de depuración 2</title>
    <meta charset="UTF-8">
  </head>
  <body>
    <div>Observe la consola</div>
    <input type="text" id="txtTexto"/>
    <input type="button" id="butEnvia">Envía</input>
    <div id="resultado"></div>
  </body>
  <script>
    const texto = document.getElementByid(txtTextos);
    const boton = document.getElementById(butEnvia);
    boton.addEventListener(click, giraLetras);
    function giraLetras(){
      texto.innerHTML = texto.value.split('').reverse().join('');
    }
  </script>
</html>
```

Ejemplo 3.25. Ejercicio de depuración 2.